中宣部2022年主题出版重点出版物

"十四五"国家重点图书出版规划项目

纪录小康工程

全面建成小康社会

贵州全景录
GUIZHOU QUANJINGLU

本书编写组

贵州出版集团
贵州人民出版社

选题统筹：谢亚鹏
责任编辑：黄蕙心　杨进梅
封面设计：石笑梦　唐锡璋
版式设计：周方亚　汪　阳　郑亚梅

图书在版编目（CIP）数据

全面建成小康社会贵州全景录/本书编写组编著.——贵阳：贵州人民出版社，2022.10
（"纪录小康工程"地方丛书）
ISBN 978-7-221-17089-7

Ⅰ.①全… Ⅱ.①本… Ⅲ.①小康建设–成就–贵州 Ⅳ.①F127.73

中国版本图书馆CIP数据核字（2022）第093274号

全面建成小康社会贵州全景录

QUANMIAN JIANCHENG XIAOKANG SHEHUI GUIZHOU QUANJINGLU

本书编写组

贵州人民出版社出版发行
（550081　贵州省贵阳市观山湖区会展东路SOHO办公区A座）
贵阳精彩数字印刷有限公司印刷　新华书店经销
2022年10月第1版　2022年10月贵阳第1次印刷
开本：710毫米×1000毫米 1/16　印张：17.5
字数：230千字
ISBN 978-7-221-17089-7　定价：58.00元

邮购地址 550081　贵州省贵阳市观山湖区会展东路SOHO办公区A座
贵州人民出版社图书销售对接中心　电话：（0851）86828517

版权所有·侵权必究
凡购买本社图书，如有印制质量问题，我社负责调换。
服务电话：（0851）86828517

总　序

为民族复兴修史　为伟大时代立传

　　小康，是中华民族孜孜以求的梦想和夙愿。千百年来，中国人民一直对小康怀有割舍不断的情愫，祖祖辈辈为过上幸福美好生活劳苦奋斗。"民亦劳止，汔可小康""久困于穷，冀以小康""安得广厦千万间，大庇天下寒士俱欢颜"……都寄托着中国人民对小康社会的恒久期盼。然而，这些朴素而美好的愿望在历史上却从来没有变成现实。中国共产党自成立那天起，就把为中国人民谋幸福、为中华民族谋复兴作为初心使命，团结带领亿万中国人民拼搏奋斗，为过上幸福生活胼手胝足、砥砺前行。夺取新民主主义革命伟大胜利，完成社会主义革命和推进社会主义建设，进行改革开放和社会主义现代化建设，开创中国特色社会主义新时代，经过百年不懈奋斗，无数中国人摆脱贫困，过上衣食无忧的好日子。

　　特别是党的十八大以来，以习近平同志为核心的党中央统揽中华民族伟大复兴战略全局和世界百年未有之大变局，团结带领全党全国各族人民统筹推进"五位一体"总体布局、协调推进"四个全面"战略布局，万众一心战贫困、促改革、抗疫情、谋发展，党和国家事业取得历史性成就、发生历史性变革。在庆祝中国共产党成立100周年大会上，习近平总书记庄严宣告："经过全党全国各族人民持续奋斗，我们实现了第一个百年奋斗目标，在中华大地上全面建成了小康社会，历史性地解决了绝对贫困问题，正在意气风发向着全面建成社会主义现代化强国的第二个百年奋斗目标迈进。"

这是中华民族、中国人民、中国共产党的伟大光荣！这是百姓的福祉、国家的进步、民族的骄傲！

全面小康，让梦想的阳光照进现实、照亮生活。从推翻"三座大山"到"人民当家作主"，从"小康之家"到"小康社会"，从"总体小康"到"全面小康"，从"全面建设"到"全面建成"，中国人民牢牢把命运掌握在自己手上，人民群众的生活越来越红火。"人民对美好生活的向往，就是我们的奋斗目标。"在习近平总书记坚强领导、亲自指挥下，我国脱贫攻坚取得重大历史性成就，现行标准下9899万农村贫困人口全部脱贫，建成世界上规模最大的社会保障体系，居民人均预期寿命提高到78.2岁，人民精神文化生活极大丰富，生态环境得到明显改善，公平正义的阳光普照大地。今天的中国人民，生活殷实、安居乐业，获得感、幸福感、安全感显著增强，道路自信、理论自信、制度自信、文化自信更加坚定，对创造更加美好的生活充满信心。

全面小康，让社会主义中国焕发出蓬勃生机活力。经过长期努力特别是党的十八大以来伟大实践，我国经济实力、科技实力、国防实力、综合国力跃上新的大台阶，成为世界第二大经济体、第一大工业国、第一大货物贸易国、第一大外汇储备国，国内生产总值从1952年的679亿元跃升至2021年的114万亿元，人均国内生产总值从1952年的几十美元跃升至2021年的超过1.2万美元。把握新发展阶段、贯彻新发展理念、构建新发展格局、推动高质量发展，全面建设社会主义现代化国家，我们的物质基础、制度基础更加坚实、更加牢靠。全面建成小康社会的伟大成就充分说明，在中华大地上生气勃勃的创造性的社会主义实践造福了人民、改变了中国、影响了时代，世界范围内社会主义和资本主义两种社会制度的历史演进及其较量发生了有利于社会主义的重大转变，社会主义制度优势得到极大彰显，中国特色社会主义道路越走越宽广。

全面小康，让中华民族自信自强屹立于世界民族之林。中华民族有五千多年的文明历史，创造了灿烂的中华文明，为人类文明进步作出了卓越贡献。近代以来，中华民族遭受的苦难之重、付出的牺牲之大，世所罕见。中国共产党带领中国人民从沉沦中觉醒、从灾难中奋起，前赴后继、百折不挠，战胜各种艰难险阻，取得一个个伟大胜利，创造一个个发展奇迹，用鲜血和汗水书写了中华民族几千年历史上最恢宏的史诗。全面建成小康社会，见证了中华民族强大的创造力、坚韧力、爆发力，见证了中华民族自信自强、守正创新精神气质的锻造与激扬，实现中华民族伟大复兴有了更为主动的精神力量，进入不可逆转的历史进程。今天，我们比历史上任何时期都更接近、更有信心和能力实现中华民族伟大复兴的目标，中国人民的志气、骨气、底气极大增强，奋进新征程、建功新时代有着前所未有的历史主动精神、历史创造精神。

全面小康，在人类社会发展史上写就了不可磨灭的光辉篇章。中华民族素有和合共生、兼济天下的价值追求，中国共产党立志于为人类谋进步、为世界谋大同。中国的发展，使世界五分之一的人口整体摆脱贫困，提前十年实现联合国2030年可持续发展议程确定的目标，谱写了彪炳世界发展史的减贫奇迹，创造了中国式现代化道路与人类文明新形态。这份光荣的胜利，属于中国，也属于世界。事实雄辩地证明，人类通往美好生活的道路不止一条，各国实现现代化的道路不止一条。全面建成小康社会的中国，始终站在历史正确的一边，站在人类进步的一边，国际影响力、感召力、塑造力显著提升，负责任大国形象充分彰显，以更加开放包容的姿态拥抱世界，必将为推动构建人类命运共同体、弘扬全人类共同价值、建设更加美好的世界作出新的更大贡献。

回望全面建成小康社会的历史，伟大历程何其艰苦卓绝，伟大胜利何其光辉炳耀，伟大精神何其气壮山河！

这是中华民族发展史上矗立起的又一座历史丰碑、精神丰碑！这座丰碑，凝结着中国共产党人矢志不渝的坚持坚守、博大深沉的情怀胸襟，辉映着科学理论的思想穿透力、时代引领力、实践推动力，镌刻着中国人民的奋发奋斗、牺牲奉献，彰显着中国特色社会主义制度的强大生命力、显著优越性。

因为感动，所以纪录；因为壮丽，所以丰厚。恢宏的历史伟业，必将留下深沉的历史印记，竖起闪耀的历史地标。

中央宣传部牵头，中央有关部门和宣传文化单位，省、市、县各级宣传部门共同参与组织实施"纪录小康工程"，以为民族复兴修史、为伟大时代立传为宗旨，以"存史资政、教化育人"为目的，形成了数据库、大事记、系列丛书和主题纪录片4方面主要成果。目前已建成内容全面、分类有序的4级数据库，编纂完成各级各类全面小康、脱贫攻坚大事记，出版"纪录小康工程"丛书，摄制完成纪录片《纪录小康》。

"纪录小康工程"丛书包括中央系列和地方系列。中央系列分为"擘画领航""经天纬地""航海梯山""踔厉奋发""彪炳史册"5个主题，由中央有关部门精选内容组织编撰；地方系列分为"全景录""大事记""变迁志""奋斗者""影像记"5个板块，由各省（区、市）和新疆生产建设兵团结合各地实际情况推出主题图书。丛书忠实纪录习近平总书记的小康情怀、扶贫足迹，反映党中央关于全面建成小康社会重大决策、重大部署的历史过程，展现通过不懈奋斗取得全面建成小康社会伟大胜利的光辉历程，讲述在决战脱贫攻坚、决胜全面小康进程中涌现的先进个人、先进集体和典型事迹，揭示辉煌成就和历史巨变背后的制度优势和经验启示。这是对全面建成小康社会伟大成就的历史巡礼，是对中国共产党和中国人民奋斗精神的深情礼赞。

历史昭示未来，明天更加美好。全面建成小康社会，带给中国人民的是温暖、是力量、是坚定、是信心。让我们时时回望小康历程，深入学习贯彻习近平新时代中国特色社会主义思想，深刻理解中国共产党为什么能、马克思主义为什么行、中国特色社会主义为什么好，深刻把握"两个确立"的决定性意义，增强"四个意识"、坚定"四个自信"、做到"两个维护"，以坚如磐石的定力、敢打必胜的信念，集中精力办好自己的事情，向着实现第二个百年奋斗目标、创造中国人民更加幸福美好生活勇毅前行。

目 录

■ 一、逐梦小康：一路"黔"行 ·· 1
  （一）在一穷二白的基础上探索温饱之路 ································ 1
  （二）在贫穷落后的倒逼下追逐小康梦想 ································ 6
  （三）在扶贫开发的实践中推进小康建设 ································ 11
  （四）在小康建设的进程中实现富民兴黔 ································ 22

■ 二、经济发展快起来：夯实全面小康的物质基础 ···················· 26
  （一）加快经济发展步伐 ·· 26
  （二）夯实产业兴黔基础 ·· 36
  （三）实施投资驱动战略 ·· 48
  （四）增强经济发展活力 ·· 58

■ 三、百姓精神富起来：丰富全面小康的人文底蕴 ···················· 64
  （一）锤炼核心价值观引领力，实现凝魂聚气 ························ 65
  （二）增强公共文化支撑力，实现文化惠民 ··························· 72
  （三）提升文化产业竞争力，实现文化利民 ··························· 89

四、贵州大地绿起来：厚植全面小康的生态底色……94
　（一）生态空间山清水秀…… 95
　（二）生活空间宜居适度…… 106
　（三）生产空间集约高效…… 115
　（四）生态旅游高质量发展…… 120

五、民生福祉好起来：织牢全面小康的民生网底…… 126
　（一）优质教育承载小康梦想…… 127
　（二）全民健康托起全面小康…… 137
　（三）社会保障织牢小康网底…… 145

六、治理能力强起来：构筑全面小康的治理体系…… 158
　（一）加强政府行政效能建设…… 159
　（二）健全基层社会治理体系…… 166
　（三）激发市场主体发展活力…… 170
　（四）扎实推进平安贵州建设…… 175

七、贫困群众富起来：补齐全面小康的最大短板…… 182
　（一）撕掉绝对贫困标签…… 183
　（二）扭住战贫久久为功…… 218
　（三）战略行动纲举目张…… 221

八、贵州的全面小康之路：经验及启示…… 224
　（一）党的领导是根本…… 225
　（二）中国特色社会主义制度是底气…… 228

（三）以脱贫攻坚统揽经济社会发展全局 …………………… 230
（四）因地制宜，精准施策 ………………………………… 230
（五）一切为了人民，紧紧依靠人民 ………………………… 231
（六）全面从严治党贯穿始终 ………………………………… 232
（七）全面小康，"一个都不能少" …………………………… 233
（八）村庄里的小康实践 ……………………………………… 235

主要参考文献 ……………………………………………………… 261

后　记 ……………………………………………………………… 264

一、逐梦小康：一路"黔"行

确保到 2020 年贵州与全国同步全面建成小康社会，事关全国全面建成小康社会战略目标的实现。在历届省委、省政府的带领下，贵州各族人民艰苦奋斗、攻坚克难，紧紧追赶全国解决温饱、总体小康、全面小康的战略目标，最终实现与全国同步全面建成小康社会的伟大梦想。

（一）在一穷二白的基础上探索温饱之路

1949年成立之初，新中国一穷二白，是当时世界上最贫穷的国家之一。据联合国亚洲及太平洋经济社会委员会的统计，1949年中国人均国民收入是27美元，不到亚洲人均44美元的三分之二，不足印度人均57美元的一半。这时期人民群众的生活体现为整体性的物质匮乏，缺吃少穿、住房困难。毛泽东认为："全国大多数农民，为了摆脱贫困，改善生活，为了抵御灾荒，只有联合起来，向社会主义大道前进，才能达到目的。"在毛泽东的视野里，"农民"是"中国革命的主要力量"，"不要把'农民'这两个字忘记了；这两个字忘记了,就是读一百万册马克思主义的书也是没有用处的,因为你没有力量。"而农民问题的核心则是土地问题,抓住了土地问题,就等于抓住了中国革命的关键。同样,要解决农民群众的吃饭问题,还得从土地问题入手。为此,国家于1950年6月颁布了《中华人民共和国土地改革法》,实行土地改革。"重新分配了大约占全国43%的土地和地主、乡绅的牲畜以及他们绝大部分的生产、生活资料给贫农和无地的农民,以保证每个贫困农户都有一份'养家糊口'的家庭资产。"

在贵州,土地改革之后,全省贫雇农拥有的土地占土地总面积的34.6%,佃中农占12.9%,中农占31.3%,富农占4.4%,地主占5.6%。土地制度的改革使民众有了基本的生产资料,开始了新

一、逐梦小康：一路"黔"行

中国成立后的生产恢复。以黔南布依族苗族自治州为例，土改后粮食总产量增速为：1952年比1949年增长8.6%，1953年比1949年增长8.7%，1954年比1949年增长6.6%。为了使国家更富强、人民更富裕，毛泽东认为，合作社是人民群众"由穷苦变富裕的必由之路"。1953年12月16日，毛泽东主持制定的《关于发展农业生产合作社的决议》由中共中央正式向全国发布，提出要"使农民能够逐步完全摆脱贫困的状况而取得共同富裕和普遍繁荣的生活"。在国家的号召下，贵州的农业互助合作化生产迅速发展起来。到1954年底，贵州全省农业生产互助组增加到26.5万个，参加互助组的农户占全省农户的64%，其中常年互助组6.2万个。1955年5月，中共贵州省委传达了毛泽东"要大量、猛烈发展农

从一穷二白到全面小康，多彩贵州，一路"黔"行。图为"世界第一高桥"——杭瑞高速公路贵州段北盘江大桥

业生产合作社"的指示，贵州农业合作化运动急速发展。1956年1月，全省初级农业生产合作社发展到5.66万个，入社农户占全省总农户的77.7%，基本实现了初级农业合作化。农业合作化使土地私有变为土地公有，1956年与1952年相比，贵州农业总产值增加了48.63%，粮食产量增加了41.16%。

1957年，毛泽东在《关于正确处理人民内部矛盾的问题》一文中提出了共同富裕的具体目标：在几年内"使现在还存在的农村中一小部分缺粮户不再缺粮，除了专门经营经济作物的某些农户以外，统统变为余粮户或者自给户，使农村中没有了贫农，使全体农民达到中农和中农以上的生活水平"。1958年中共八大二次会议提出，15年或更短的时间在钢铁和其他主要工业产量方面赶超英国，"大跃进"运动正式开始。在农业方面，毛泽东认为，要比较快地实现农民的共同富裕，需要办大社，也就是要把各地小型的农业合作社适当合并成大型的农业合作社。1958年3月，中共中央成都会议通过了《关于把小型的农业合作社适当地合并为大社的意见》。很快，全国各地农村开始了小社并大社的工作，并得到了毛泽东的肯定，认为人民公社就是"建成社会主义和逐步向共产主义过渡的最好的组织形式"。于此，农村进入了"人民公社"时代。

1958年7月17日，中共贵州省委农村工作部提出了《关于把小型农业社适当合并为大社的意见》，要求全省以县为单位具体进行规划，有领导有准备地在两三年内将现有的2.8万余个小社，合并为7000~10000个大社，社的规模一般在300~500户。8月19日中共贵州省委发出关于试办农村人民公社的指示，要求各地（州、市）立即办一个人民公社，以便取得经验，为大规模建立人民公社做好准备。10月10日，全省已经建立农村人民公社3393个，入社农

一、逐梦小康：一路"黔"行

户达320.17万户，占全省农户总数的97.3%，每社平均达1338户，基本实现了人民公社化。接着，又迅速将小公社合并为大公社，将全省的人民公社合并为534个，平均每社有6000户，近3万人。同时，贵州与全国其他省份一样，掀起了一股虚报高产、竞放高产"卫星"的浪潮，并开启了大办农村公共食堂的序幕。

人民公社化和3年"大跃进"使农业生产量大幅度下滑。据统计，1960年与1957年相比，贵州省粮食产量由535.6万吨下降为316.15万吨，平均每年下降13.66%；粮油作物产量由9.961万吨下降为7.2725万吨，平均每年下降9%；大牲畜数量由373万头下降为280.3万头，年均递减8.28%；生猪数量由615万头下降为136.7万头，年均递减25.9%。而"浮夸风""高产量"又带来了高征购，粮食征购量从1957年的124.75万吨增加到1960年的160.3万吨；粮食征购量占产量的比重也由1957年的23.3%提高到了1960年的50.7%。农村粮食留存量减少，加剧了农业生产和农民生活的困难。据毕节、安顺、铜仁、黔南、黔东南和贵阳6个专区、州、市在1959年5月中旬的统计，在10.18万个食堂中，春荒缺粮的有3.5万余个，占34.46%。由于缺粮，群众多以野菜、草根、树皮等补助充饥，营养不良现象严重。

1961年1月，中共八届九中全会正式批准实行"调整、巩固、充实、提高"八字方针，标志着中国国民经济"大跃进"运动正式结束，开始转入经济调整时期。中共中央先后颁布了《农村人民公社工作条例》（简称"农业60条"）、《国营工业企业工作条例》（简称"工业70条"）、《关于改进商业工作的若干规定（试行草案）》（简称"商业40条"）和一系列调整性文件，有效地推动了国民经济的恢复和发展。统计数据显示，1965年，全省国民生产总值达到 24.41 亿元，比 1962 年增长 52.6%，年均递增 15.1%；人均国民生产总值 136 元，比 1962 年增长 39.8%，年均递增 11.8%。

1966—1976 年，中国经历了 10 年"文化大革命"，"文化大革命"使国民经济受到严重的冲击和干扰。统计数据显示，全省地方财政总收入由 1966 年的 3.5374 亿元下降为 1969 年的 1.8602 亿元，减少 47.41%，差不多退到 1955 年的水平。财政收支逆差由 1966 年的 6428 万元增加到 1969 年的 21381 万元，扩大了 2.33 倍。1972 年，粮食产量降到 1955 年的水平，仅为 428.25 万吨；农业总产值仅为 21.1 亿元，比上年下降 6.5%。1976 年，全省地方财政收入仅为 1 亿元，比上年下降 34.5%，财政赤字达 6.68 亿元，比上年扩大 14.6%。1966—1977 年农村居民人均收入仅增加 18 元，年均增长率不足 1.5%，农村居民的人均热量摄入量都没有达到每日 2100 大卡的水平。以营养标准来衡量，改革开放以前，贵州至少有 40%—50% 的人群处于生存贫困状态。许多人家过完春节就断粮，只能用野菜混合谷糠充饥。在这一时期，面对体制束缚，贵州各级干部群众大胆探索，创造了"定产到组、超产奖励"的"顶云经验"，"北小岗，南顶云"的探索也拉开了中国农村家庭联产承包责任制改革的大幕。

（二）在贫穷落后的倒逼下追逐小康梦想

据国家统计局的一份报告显示：把1978年的贫困线定在人均年纯收入100元，全国贫困发生率为30.7%，贫困规模2.5亿人。党中央充分认识到了贫困问题的严重性，邓小平在多个场合多次提到了

一、逐梦小康：一路"黔"行

中国严峻的贫困现实。如他在1980年会见赞比亚总统卡翁达时说："现在说我们穷还不够，是太穷，同自己的地位完全不相称。"他还说："我们干革命几十年，搞社会主义三十多年，截至1978年，工人的月平均工资只有四五十元，农村的大多数地区仍处于贫困状态。"1978年12月18—22日，中共十一届三中全会召开，会议对新中国成立以来的经济建设和社会发展的经验教训进行了总结和反思，强调要把全党的工作重点转移到经济建设上来，并进行了一系列大刀阔斧的改革。

1979年12月，邓小平在会见来访的日本首相大平正芳时第一次用"小康"来描述中国的现代化："我们要实现的四个现代化，是中国式的四个现代化。我们的四个现代化的概念，不是像你们那样的现代化的概念，而是'小康之家'。""要达到第三世界中比较富裕一点的国家的水平，比如国民生产总值人均一千美元，也还得付出很大的努力。"这是根据我国当时的发展水平和与发达国家的比较得出来的战略构想，是邓小平提出的务实的阶段性发展目标。邓小平在1980年8月18日召开的中共中央政治局扩大会议上指出："我们提倡按劳分配，承认物质利益，是要为全体人民的物质利益奋斗。"为了进一步解放和发展生产力，国家继续实行了一揽子激励政策：不再向农民下达农产品统购派购任务，按照不同情况，分别实行合同订购和市场收购，改革扩大了粮食议购议销的范围；开展农产品流通体制改革，允许农民个人或组织从事商业、餐饮、修理、服务业和运输业，引导农民开展多种经营，适当开展经济作物生产；允许一部分地区和一部分人通过诚实劳动、合法经营先富起来，先富带后富，最终实现共同富裕；等等。广大农民群众发展生产的积极性空前高涨，农民收入明显提高，全省农村普遍贫困的状况开始

全面建成小康社会 贵州全景录

得到缓解。1982年，党的十二大正式将小康目标确立为今后20年中国经济发展的战略目标。这里的"小康"，按照邓小平的设想，是"虽不富裕，但日子好过"的阶段。

1980年7月15日，《中共贵州省委关于放宽农业政策的指示》签发，明确提出最适合现实生产力、最有利于调动群众积极性、最有利于发展农业生产、最有利于提高农民生活水平的就是好政策、好办法，就要执行。贵州开始有领导、有步骤地推行"双包到户"的改革，是全国第一个以省委文件形式肯定和全面推行"双包到户"的省份。到1981年底，全省实行以"包干到户"为主要形式的生产队达到98.1%。1979年、1980年和1981年，贵州省连续3年农

经过长期努力，贵州省毕节市完成脱贫攻坚任务。图为毕节市赫章县海雀村今昔对比

民人均纯收入实际增速都在两位数以上，分别为15.4%、16.6%和27.3%，从1978年的109.3元增加到1981年的208.87元，用3年时间增加了100元。据统计，截至1990年，贵州GDP（国内生产总值）达到260亿元，较1978年的47亿元增长了4.5倍；人均GDP达到808元，较1978年的175元增长了3.6倍。贫困人口从1978年的1587万人下降到1990年的983万人，减少了38.06%；贫困发生率从59.1%下降到30.1%，下降了29个百分点。

但在一些落后的偏远地区，由于自然环境恶劣、生态脆弱、农业资源匮乏、基础设施落后，基本公共服务得不到有效满足，以至于农业生产效率水平低下，经济发展滞后，群众生活依然困难。

1985年，新华社《国内动态清样》以《赫章县有一万二千多户农民断粮，少数民族十分困难却无一人埋怨国家》为题，报道了赫章县及海雀村的贫困状况。"在海雀村3个村民组察看了11户农家，家家断炊。苗族老大娘安美珍瘦得只剩枯干的骨架支撑着脑袋，一家4口人，丈夫、两个儿子和她，终年不见食油，一年累计缺3个月的盐，4个人只有3个碗，已经断粮5天了。""没有一家有活动钱，没有一家不是人畜同室居住的，也没有一家有像样的床或被子；有的钻草窝，有的盖秧被，有的围火塘过夜。"

1985年7—8月，贵州省委、省政府组织调查组，对全省贫困状况进行了一次比较系统的调查，重点调查93个乡、320个村民小组、11533户家庭。调查结果系统描述了当时的贫困状况：

一是经济发展水平低。1984年，26个贫困人口集中的县人均工农业总产值224元，只相当于全省平均水平的48%、全国平均水平的22%；人均工业产值仅34元，相当于全省平均水平的14%、全国平均水平的5%；人均粮食232.5公斤，相当于全国平均水平的60%。

二是衣食严重不足。据对1984年21个贫困人口集中县的统计，农民人均纯收入110.58元，相当于全省平均水平的42%、全国平均水平的31%。这些地区的贫困户约占调查农户总数的70%，他们多数都欠债，收粮还债后，一般缺粮5个月左右，只有靠洋芋、红薯、蔬菜艰难度日，有的甚至用野菜充饥，处于半饥饿状态。这些贫困户也没有经济能力购买生产资料，来年仍面临歉收的贫困循环。除了面临饥饿，农民的居住条件差，饮水也非常困难。

三是卫生医疗条件落后。由于长期的营养不良，身体素质差，抗病能力低，加之缺医少药，群众发病率和死亡率都比较高。望谟、三都、榕江、雷山、沿河、印江等县的地方性甲状腺肿患病率高达10%以上。

针对贫困地区群众生产生活困难的实际，1986年，国家成立了专门的扶贫机构，瞄准贫困地区和贫困对象，开始了有组织、大规模的扶贫开发。在同步实施国家扶贫战略的过程中，贵州省开展了一系列富有成效的减贫实践。在前期试点的基础上，1988年春天，省委决定正式在农村普遍开展"双带"（即党员带头致富，带领群众共同致富）活动，并下发了《中共贵州省委关于农村深入开展"双带"活动的意见》（省发〔1988〕18号）。此后，"双带"活动成为全省发动农村党组织带领群众脱贫致富的主体活动。

在微观实践层面，贵州省各地开展了轰轰烈烈的建设。如黔南布依族苗族自治州罗甸县大关村将愚公移山的大无畏精神同实事求是的科学态度相结合，闯出了劈石造田、解决温饱的成功之路，铸就了"自力更生、艰苦奋斗、坚韧不拔、苦干实干"的"大关精神"。从1984年到1997年，大关村"两委"班子，不等不靠，带领全村男女老少，锤敲锄挖，肩挑背扛，流血流汗，在石旮旯里造出标准稻田1000多亩，人均0.8亩。针对水资源奇缺的问题，大关村建

一、逐梦小康：一路"黔"行

大关村曾是典型的岩溶山区和极贫地区。30多年前，大关人艰苦奋斗、自力更生，劈石抠土造田，吹响了向贫困宣战的号角

设了200多处蓄水池、小水窖，不仅满足了人畜饮水，还使80%新造稻田旱涝保收。由此，大关村基本解决了吃饭问题。

（三）在扶贫开发的实践中推进小康建设

2012年12月29日至30日，习近平总书记在河北省阜平县考察扶贫开发工作时指出："没有农村的小康，特别是没有贫困地区的小康，就没有全面建成小康社会。"贫困人口全部脱贫是全面建成小康社会的底线任务和标志性指标，是"十三五"时期的重大战略任务。如期完成脱贫任务是全面建成小康社会的刚性目标、底线目标。只有打赢脱贫攻坚战，才能凸显全面小康社会成果，让人民群众满意、国际社会认可。

1. 瞄准贫困区域实施开发式扶贫

1993年11月，中共中央、国务院发布的《关于当前农业和农村经济发展的若干政策措施》指出："各级党委和政府要继续坚持扶贫开发工作'分级负责、关键在省'的原则，进一步加强领导，稳定和加强扶贫开发工作机构，集中力量打好扶贫开发的'攻坚战'。"1994年3月3日，江泽民在全国扶贫开发工作会议上作了题为"扶贫开发要坚持不懈、锲而不舍地长期抓下去"的讲话，指出："实践说明，实行开发式扶贫，以市场需求为导向，依靠科技进步，开发利用当地资源，发展商品生产，不仅能解决温饱，而且可以脱贫致富。这样，把国家的扶持同贫困地区干部群众自力更生、艰苦奋斗结合起来，立足当地实际搞开发性生产，效果很好……搞开发扶贫，是扶贫工作的一个根本性转变，是一个重大创造，这个方针必须长期坚持。"

开发式扶贫体现了扶贫方式的转型，即从过去通过经济增长来增加贫困人口收入为主并辅以适当救济的反贫困战略，转变为实行以促进贫困人口集中区域自我发展能力提高与推动区域经济发展来实现稳定减贫和消除贫困为目标的战略。主要方式就是通过国家给予贫困地区资金、技术、物资、培训等方面的支持，并提供相应的配套服务，鼓励群众积极参与，增强群众生产能力，利用贫困地区的自然资源，进行开发性经济建设，改善生产生活条件，完善市场经济体制，加强商品生产，通过开发形成贫困地区和贫困户的自我积累，增强内生发展动力。

在1994年3月3日的全国扶贫开发工作会议上，中共中央、国务院正式决定实施"八七扶贫攻坚计划"，提出要集中财力、人力、物力，动员社会各界力量，力争用7年左右的时间，到2000年底

一、逐梦小康：一路"黔"行

基本解决农村贫困人口的温饱问题。这是新中国历史上第一个有明确目标、明确对象、明确措施和明确期限的扶贫开发行动纲领，标志着中国的扶贫开发进入了攻坚阶段。"八七扶贫攻坚计划"规定，从1994年起，在原有基础上再增加10亿元以工代赈资金、10亿元扶贫贴息贷款，执行到2000年，并且提出随着财力的增长，国家还将继续增加扶贫资金的投入。贵州省委、省政府以实施"国家八七扶贫攻坚计划"为契机，制定了"贵州省扶贫攻坚计划"，首次对全省的扶贫工作作出全面的规划和战略部署，确定工作重点向贫困人口集中的深山区、石山区、边远地区、高寒山区、地方病高发区和少数民族聚居区倾斜，要求用7年左右的时间，即到2000年时，基本解决全省1000万贫困人口的温饱问题。

到2000年"八七扶贫攻坚计划"结束时，贵州贫困人口按当时贫困标准统计，由1994年的1000万人减少到313.46万人，贫困发生率从34.4%下降到8.5%；大多数农村贫困人口的温饱问题基本解决，实现了农村粮食基本自给，48个贫困县整体越过温饱线；基本完成农村从普遍绝对贫困向巩固扶贫成果与全面消除贫困的历史性转变，各个区域板块都得到不同程度的发展，解决了贫困区域内普遍贫困的问题。

在这一阶段，贵州省针对麻山、瑶山的极贫实际，于1994年8月成立麻山、瑶山地区扶贫开发试验区。通过开展部门承包，坚持不脱贫不脱钩；实行资金投入倾斜，加大扶贫力度；减免农业税费，让农民休养生息；组织劳务输出，增加劳务收入等方式攻坚"两山"贫困。经过连续7年的重点扶贫，到2000年，"两山"地区的25个极贫乡镇基本消除极贫状态，农民人均占有粮食由198公斤增加到388公斤，农民人均纯收入由176元增加到726元。

这一时期，贵州省还实施了"扶贫温饱工程"，1994年以来，全省48个贫困县每年实施"扶贫温饱工程"600万亩以上，覆盖贫困户250万户左右；实施小额贷款共帮助147万贫困户发展种养殖产业；推动人口控制与扶贫攻坚相结合，在控制人口快速增长的同时，资助计生家庭发展产业脱贫致富。

2. 实施"一体两翼"的扶贫开发战略

到2000年底，我国农村没有解决温饱的贫困人口已减少到3000万人，占农村人口的比重下降到了3%左右。除了少数社会保障对象和生活在自然条件恶劣地区的特困人口以及部分残疾人之外，全国农村贫困人口的温饱问题已经基本解决。此时的贫困人口的分布则由区域集中向村级社区集中转变，呈现"大分散、小集中"的特点。为了提高扶贫开发工作的针对性和有效性，《中国农村扶贫开发纲要（2001—2010年）》将扶贫的重点锁定到村，实行整村推进扶贫开发。全国共确定了14.8万个扶贫开发重点村，覆盖了76%的贫困人口。贵州确定的扶贫开发重点村有13973个，占全省行政村总数的54.3%，占全国14.8万个重点村的9.44%。贵州将产业化扶贫与贫困村的整村推进和贫困地区的劳动力转移培训一同列为新时期"一体两翼"的国家扶贫开发战略。

借着《中国农村扶贫开发纲要（2001—2010年）》的东风，2001年7月，中共贵州省委八届七次会议通过了《中共贵州省委、贵州省人民政府关于切实做好新阶段扶贫开发工作的决定》，要求力争用5年左右的时间解决尚未越过温饱线的贫困人口的温饱问题，用10年左右的时间实现稳步脱贫奔小康的目标。在此期间，贵州的扶贫工作得到了国家相关部委的大力支持。通过一揽子扶贫措

一、逐梦小康：一路"黔"行

施的运用，贵州省委、省政府形成了"三个三"的综合性开发扶贫思路。"三个三"即解决三个基本问题：改善贫困地区和贫困群众基本生产生活条件、拓宽贫困群众基本增收门路、帮助贫困群众提高基本素质。采取三类扶贫措施：对有生存条件的群众采取开发式扶贫，通过发展种养业增加收入；对居住在"一方水土难以养活一方人"、生存环境条件恶劣、缺乏基本生产生活条件地区的贫困群众，采取易地搬迁方式扶贫；对鳏寡孤独、"五保户"、因病因残丧失劳动能力和低收入以下的贫困人口，进行低保兜底扶贫，做到"应保尽保"。抓好三项重点工作：整村推进、劳动力转移培训和产业化扶贫。

"三个三"综合性开发扶贫思路的实施取得了较好的减贫效果，贵州省实现了贫困人口数量的大幅减少以及贫困发生率的大幅下降。数据显示，贵州贫困人口从2001年的305万人下降到2007

贵州扎实推进美丽乡村建设，努力实现生态美、环境优，生态美、产业强，生态美、百姓富。图为遵义市湄潭县金花村一角

年的236万人，贫困发生率从8%下降到6.5%。2008年，国家将贫困标准从2007年的1067元提高到1300元，首次达到国际标准。标准调整后，2008年贵州贫困人口数量为626万人，到2010年下降到421万人，平均每年下降102.52万人，贫困发生率从2008年的17.4%下降到2010年的12.1%，平均每年下降2.65个百分点。

在这一阶段，贵州涌现出丰富多彩的反贫困实践案例，形成种草涵养水土、养畜增加收入，进而实现经济与人口、资源、环境协调发展的"晴隆模式"；探索出"一业为主、多品共生、种养结合、以短养长"的山地农业扶贫开发的"长顺做法"，唱响了希望在山、潜力在山、致富在山的主旋律；形成了"富在农家增收入、学在农家长智慧、乐在农家爽精神、美在农家展新颜"的"四在农家"经，成为新农村建设的"西部模式"和全国新农村建设的重大典型。

3. 把扶贫开发确定为"第一民生工程"

2011年3月，贵州省委在传达学习贯彻全国两会精神的会议上指出："贵州省最核心的民生是收入，最突出的民生是脱贫，最根本的民生是就业。'十二五'期间，要在经济社会发展规划中更加突出各项民生指标，深入实施'十大民生工程'，制定专门的城乡居民收入倍增计划，用倒逼机制推动经济发展提升质量和效益。"随后，根据省委会议精神，贵州省围绕扶贫开发、就业创业、劳动力素质提高、社会保障体系、城乡住房、乡村基础设施、农村生活环境、公共文化、公共卫生、社会管理创新开展了"十大民生工程"，并把"扶贫脱贫攻坚工程"作为首项工程。确定了"第一民生工程"的路线图，即在未来10年，把扶贫开发作为贵州最大的民生，举

一、逐梦小康：一路"黔"行

全省之力，就提高贫困人口收入，完善贫困地区基础设施建设，从贫困人口住房、教育、社会保障体系等方面向贫困发起总攻。

李克强同志参加十二届全国人大一次会议贵州代表团审议时指出，贵州要"坚定与全国同步实现全面建成小康社会的决心，夯实教育这个百年大计的基础，在跨越发展中实现转型"。2013年9月11日，贵州省委召开常委会议传达贯彻中央领导考察贵州时的重要讲话精神，指出要全面贯彻中央精神和省第十一次党代会部署，按照区域发展带动扶贫开发、扶贫开发促进区域发展的新思路，把扶贫开发作为"第一民生工程"，大力实施集中连片特殊困难地区发展规划，全力总攻"绝对贫困"，大幅度减少贫困人口。当月，贵州召开了全省扶贫工作会议，指出全省干部要切实把思想统一到习近平总书记关于扶贫开发的重要讲话精神上来，把贫困地区干部主要精力集中到扶贫开发上来，奋力打好扶贫攻坚"第一民生工程"这场硬仗。在贵州省委十一届四次全会上，省委再次强调要把扶贫攻坚作为"第一民生工程"来抓，确保到2020年与全国同步全面建成小康社会。为抓好抓实扶贫攻坚工作，贵州绘制了"第一民生工程"的"民生六项"路线图。

为了抓好"第一民生工程"，贵州省于2012年和2013年两年间组织编制和实施武陵山区、乌蒙山区、滇桂黔石漠化区三大片区区域发展与扶贫攻坚规划，实施扶贫攻坚重大事项推进行动，加强扶贫开发法制化建设。指导督促各县（区、市）认真落实两山片区扶贫攻坚规划项目建设，加强基础设施建设，培育优势特色产业，发展民生社会事业，强化科技能力建设，创新扶贫体制机制，确保片区扶贫攻坚规划项目和各项政策措施落到实处，全面掀起片区扶贫攻坚的新高潮，减贫工作取得明显成效。

2011年，国家把贫困线标准提高到2300元，以此标准，贵州的贫困人口上升至1149万人，贫困发生率为33.12%。经过努力，到2013年，贵州农村贫困人口数下降到745万人，贫困发生率降为21.27%；贵州贫困人口占全国贫困人口的比例由15.6%下降为9.1%，累计共有14个重点县366个贫困乡实现减贫摘帽。

4. 实施精准扶贫战略

2013年11月3日，习近平总书记到十八洞村考察扶贫开发，首次提出"精准扶贫"理念。2013年12月18日，中共中央办公厅、国务院办公厅联合发布了《关于创新机制扎实推进农村扶贫开发工作的意见》（中办发〔2013〕25号），提出新阶段扶贫开发改革创新思路，明确要求建立精准扶贫工作机制，标志着我国进入精准扶贫时代。2014年4月至5月间，《扶贫开发建档立卡工作方案》（国开办发〔2014〕24号）、《建立精准扶贫工作机制实施方案》（国开办发〔2014〕30号）等操作性方案相继印发，明确了精准扶贫的工作步骤。

2014年5月16日，贵州省出台了《关于以改革创新精神扎实推进扶贫开发工作的实施意见》，从改进贫困县考核机制、改革专项扶贫项目管理机制、创新金融扶贫机制、健全同步小康驻村工作帮扶机制等六个方面落实国家扶贫开发工作精神，并着重强调要抓好产业扶贫、基础设施建设六项行动、扶贫对象素质提升、社会事业发展、社会扶贫等重点工作。提出了具体的"六个到村到户"精准扶贫思路，分别是结对帮扶到村到户、产业扶贫到村到户、教育培训到村到户、农村危房改造到村到户、生态移民到村到户、基础设施建设到村到户。

一、逐梦小康：一路"黔"行

为落实中央精准扶贫精神和确保"十三五"期间消除绝对贫困，贵州省委、省政府于2015年4月20日出台了《贵州省"33668"扶贫攻坚行动计划》，提出在3年时间内减少贫困人口300万人以上，实施结对帮扶、产业扶贫、教育培训、危房改造、生态移民、社会保障精准扶贫"六个到村到户"，完成小康路、小康水、小康房、小康电、小康讯、小康寨基础设施"六个小康建设"任务，使贫困县农村居民人均可支配收入达到8000元以上。贵州围绕"33668"扶贫攻坚行动计划，从精准考核、社会动员、财政资金使用、小额信贷等方面出台6个政策配套文件。

贵州实现组组通硬化路，已建成7.87万公里，惠及1200万农村群众。图为剑河县久仰镇久丢村的乡村公路

2015年10月16日，为确保贵州省在现行标准下实现农村贫困人口全部脱贫，贫困县全部摘帽，解决区域性整体贫困问题，贵州省委、省政府出台《中共贵州省委 贵州省人民政府关于坚决打赢扶贫攻坚战确保同步全面建成小康社会的决定》（以下简称《决定》），该《决定》制定了大力实施精准扶贫精准脱贫"十项行动"，即基础设施建设扶贫行动、产业和就业扶贫行动、扶贫生态移民行动、教育扶贫行动、医疗健康扶贫行动、财政金融扶贫行动、社会保障兜底扶贫行动、社会力量包干扶贫行动、特困地区特困群体扶贫行动、党建扶贫行动。为落实《决定》部署，贵州省围绕《决定》制定了10个配套政策文件。

为坚决贯彻落实《中共中央 国务院关于打赢脱贫攻坚战的决定》，如期打赢脱贫攻坚战，2016年9月30日，贵州省第十二届人民代表大会常务委员会第二十四次会议通过了《贵州省大扶贫条例》，贵州脱贫攻坚进入法制化、规范化轨道。党的十九大召开后，2017年11月9日至10日，贵州召开省委十二届二次全会，作出《中共贵州省委关于认真学习宣传贯彻党

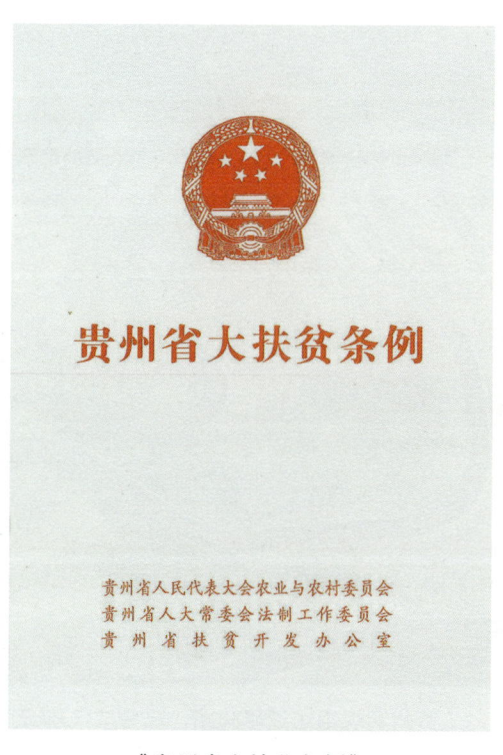

《贵州省大扶贫条例》

一、逐梦小康：一路"黔"行

的十九大精神和习近平总书记在贵州省代表团重要讲话精神的决定》，强调"坚决打赢脱贫攻坚战，确保如期实现贫困人口全部脱贫、贫困县全部摘帽，撕掉贫困落后的标签"。2018年6月，中共贵州省委十二届三次全会落实《中共中央 国务院关于打赢脱贫攻坚战三年行动的指导意见》，提出要扎实开展"四场硬仗""五个专项治理""四个聚焦""深入推进一场振兴农村经济的深刻的产业革命"，并创新提出产业革命"八要素""三个革命""五步工作法"，形成了指导全省推进农村产业革命的完整体系，向脱贫攻坚发起总攻。2018年8月14日，贵州省颁布实施《贵州省精准扶贫标准体系》，成为全国第一个发布精准扶贫标准体系的省份，贵州脱贫攻坚迈入标准化轨道。

贵州通过战略部署"扣扣子"完善精准扶贫政策体系，责任履行"担担子"确保干部把脱贫任务扛在肩上，任务落实"钉钉子"确保脱贫工作取得扎扎实实的成效，农村建档立卡贫困人口从2014年的623万人减少到2018年的155万人，累计减贫468万人，平均每年减少117万人；贫困发生率从18.0%下降到4.3%，减贫人数全国第一。2015年6月18日，时任国务院副总理汪洋在深入调研的基础上指出，贵州省精准扶贫精准脱贫的做法为全国扶贫攻坚探索了可信可行、可学可用的"贵州经验"，创造了精准扶贫"贵州模式"，初步形成了脱贫攻坚的"省级样板"。

这一时期，贵州紧紧围绕贫困县退出核心指标，创造性地将政策设计、工作部署、干部培训、监督检查、追责问责的"五步工作法"运用到实际工作中，取得明显成效。创新开展农村产业革命，有效推动产业扶贫，为贫困群众可持续脱贫奠定产业基础。改进贫困县考核机制，对贫困县的考核，由主要考核GDP增长转为主要考核扶贫成效。率先实行减贫摘帽激励机制。自 2011 年至今，50个国家扶贫开发工作重点县中累计有 25 个县 525 个贫困乡（镇）实现减贫摘帽，省级财政安排减贫摘帽专项资金 17.5 亿元进行奖励，改变了贫困县争戴"贫困帽"的思想，形成了良好的正向激励机制。改革项目资金分配方式。从 2014 年起，除重大扶贫专项和以奖代补项目资金外，扶贫资金由省主要按因素法分配切块到县，实行目标、任务、资金和权责"四到县"制度。积极探索精准瞄准机制。创新开展"四看法"（一看房，二看粮，三看劳动力强不强，四看有没有读书郎），精准实现"把贫困人口找出来、把帮扶措施落到位、把党的政策送到家"的政策目标。探索创新大数据与脱贫攻坚融合。"扶贫云"在全国率先开发疑似漏评采集、入户核查、计划脱贫标识、帮扶措施覆盖分析等特有功能，通过运用多项特色功能并进行数据综合分析，提高精准扶贫的科学化水平。创新开展"农村资源变股权、资金变股金、农民变股民"的"三变"改革实践，推动农村生产资源的优化配置。积极探索财政金融扶贫新路，帮助贫困农户"换穷业"。

（四）在小康建设的进程中实现富民兴黔

在反贫困的过程中，贵州同步开展了小康创建活动，小康社会建设目标深入人心，脱贫致富奔小康成为贵州各族群众的梦想。1993 年贵州省第七次党代会报告指出："农村奔小康，要坚持创建小康活动和扶贫工作一起抓。各地要在认真摸底的基础上，制定出分步达标的计划和措施，建成一批小康村、小康乡（镇）和一些小

一、逐梦小康：一路"黔"行

康县（市）。高度重视扶贫开发工作，加大扶贫开发力度，继续从政策、资金、技术、智力等方面给予扶持，重点搞好贫困地区的农业基本建设，改善交通运输状况，为加快经济发展创造条件。加强较发达地区与贫困地区的经济技术协作，增强群众市场经济意识，实施温饱工程，帮助贫困农户解决温饱，稳定脱贫，奔向小康。"1998年省第八次党代会提出了富民兴黔的奋斗目标。2002年省第九次党代会在进一步丰富富民兴黔目标的同时，要求"引导稳定解决温饱的群众向小康迈进，支持有条件的地方加快小康建设步伐"。

2007年贵州省第十次党代会明确提出："要力争用五年左右的时间基本解决农村现有贫困人口的温饱问题，实现由温饱到总体小康的历史性跨越；再用十年左右的时间，努力实现由总体小康到全面小康的历史性跨越，全面建成小康社会。经济增长保持在10%以上，到2011年全省生产总值达到4000亿元左右，人均生产总值突破1000美元；改革开放取得重要进展，发展环境有明显改善；教育、科技、卫生、文化、体育等各项社会事业明显加强，广大群众的思想道德素质、科学文化素质和健康素质明显提高；社会和谐安定，基层民主健全，法治秩序良好，经济社会发展与人口、资源、环境相协调，和谐贵州建设取得显著成效。"到2008年，经过全省各族干部群众的努力，贵州全面建设小康社会逐步进入加速发展期。

2012年初出台的《国务院关于进一步促进贵州经济社会又好又快发展的若干意见》（国发〔2012〕2号）明确提出"贵州尽快实现富裕，是西部和欠发达地区与全国缩小差距的一个重要象征，是国家兴旺发达的一个重要标志"，提出到2015年贵州全面建设小康社会实现程度接近西部地区平均水平，2020年与全国同步实现全面建成小康社会奋斗目标的"两步走"战略目标，将2020年

23

贵州与全国同步全面建成小康社会上升为国家战略。省第十一次党代会从实现中国梦要有"贵州作为"、作出"贵州贡献"的实际出发，对贵州到2020年与全国同步全面建成小康社会作出了全面部署。

2013年1月，中共贵州省委、贵州省人民政府出台了《关于以县为单位开展同步小康创建活动的实施意见》（黔党发〔2013〕3号），紧紧围绕到2020年贵州与全国同步全面建成小康社会，以"实现'531'（人均生产总值达到5000美元以上、城镇居民人均可支配收入达到3000美元以上、农村居民人均可支配收入达到1000美元以上）、县县达小康"为目标，全面提高县域经济社会发展整体性、协调性、可持续性，着力增强县域经济实力和发展活力，着力增加城乡居民收入，着力提升民生保障水平，着力提高生态环境质量，着力加快民主法制、精神文明与和谐社会建设，走追赶型、调整型、跨越式、可持续发展路子，力争县县建成一个不含水分、实实在在、群众得实惠、人民群众认可的全面小康社会。以"七大重点任务"为支撑，一是发展壮大县域经济，二是大力推进基础设施向县以下延伸，三是提升城乡居民生活水平，四是加快发展文化教育卫生事业，五是切实加强和创新社会管理，六是提高基层民主法制建设水平，七是推进美丽乡村建设，并在改革创新政策，产业、财税、金融、用地政策，人才政策，对内对外开放政策，分类推进政策五个方面给予具体支持。

为推进政策统筹协调和落地见效，贵州成立了由省委主要领导任组长，省委、省政府有关领导任副组长，省级有关部门主要责任人为成员的省全面小康建设工作领导小组，并建立了省全面小康建设办公室和省、市、县、乡、村五级联动的创建工作机制，形成同步小康创建合力。

一、逐梦小康：一路"黔"行

为准确把握各县（市、区）同步小康创建的进程，查找同步小康创建中存在的问题和差距，使全面小康各项任务落实到具体项目，覆盖到最广大的农村，覆盖到低收入群体和困难群众，真正惠及全体人民，中共贵州省委办公厅、贵州省人民政府办公厅出台了《关于以县为单位开展全面建设小康社会统计监测工作的通知》（黔党办发〔2012〕35号）（以下简称《通知》），对88个县（市、区）同步小康创建分6个大项25个小项具体指标进行统计监测。《通知》指出，要坚持不以省的总体小康代替县县建成全面小康、不以平均数代替大多数、不简单以指标数值代替人民群众直观感受的"三个不能代替"原则，突出人均生产总值、城乡居民收入和环境质量指数"三项核心指标"，建设实实在在、不含水分、人民群众认可、发展与环境相协调的全面小康社会。

二、经济发展快起来：夯实全面小康的物质基础

由于历史、地理等原因，贵州经济社会发展相对滞后，部分经济指标长期处于全国挂末位置。2012 年，贵州生产总值仅占全国的 1.31%，在 31 个省份中位列第 26 位，在西部 12 个省份中位列第 7 位。经济规模小，影响了人均水平。2012 年贵州人均 GDP 为 19566 元，仅相当于全国平均水平的一半左右，列全国最后一位。贵州经济发展水平低，较大程度影响了全面小康的总体进程。在党中央的关心支持下，贵州不断奋起直追，特别是党的十八大以来，创造了经济发展的"黄金十年"，为全面小康奠定了坚实的物质基础。

（一）加快经济发展步伐

人均经济水平的高低对全面小康建设至关重要。贵州为实现到 2020 年与全国同步全面建成小康社会的奋斗目标，始终牢牢抓住发展这个第一要务。

世界最大单口径射电望远镜——位于贵州平塘的 500 米口径球面射电望远镜（FAST）

1. 经济总是垫底的艰难历程

1978 年底，党的十一届三中全会顺利召开，贵州省在党的十一届三中全会精神指导下，坚持实事求是的思想路线，在政治上进行了拨乱反正，巩固和发展了安定团结、生动活泼的政治局面，把工作重点转移到社会主义现代化建设上来，在经济上贯彻执行了"调整、改革、整顿、提高"的方针和"对内搞活经济、对外实行开放"的政策，贵州的国民经济进入了新的发展时期。

"五五"计划期间，贵州省国内生产总值从 1976 年的 29.3 亿元跨越式增长到 1980 年的 60.26 亿元，增加了 1 倍多，4 年年均增长率为 16.5%，超过全国 8.7% 的年均增速。产业结构也发生了明显变化，第一产业产值占比从 57.82% 稳步下降到 41.25%，但仍然高于全国 29.6% 的平均水平；第二产业经过大力发展，逐步增加到 40% 左右，但还是低于全国 48.1% 的平均水平，表明贵州省依然是一个以农业为主的省份。贵州人均 GDP 也同步从 1976 年的 110 元增加到 1980 年的 219 元，虽然在当年公布人均 GDP 的 30 个省（区、市）中排名倒数第一，但年均增长率为 15.5%，高于同期 6.2% 的全国平均水平。

自此以后，贵州省经济同全国其他省（区、市）一样进入了快速发展的时期，三大产业不断发展壮大和转型升级。"六五"计划时期，贵州省通过压缩基本建设投资规模、进行工业结构调整、调整农业内部结构和全面整顿国营企业等措施，使得贵州省国内生产总值从 1981 年的 67.89 亿元跨越式增长到 1985 年的 123.92 亿元，年均增长率为 13.9%，略高于全国 12.2% 的年均增速。人均 GDP 也同步从 1981 年的 242 元稳步增加到 1985 年的 420 元，依然低于全国平均水平，每年在 30 个省（区、市）中排名依然垫底，而且年均增长率 12.5% 也略高于同期全国年均增速 10.5%。

"七五"计划时期是贵州省改革开放和经济发展非常重要的时期，经过以城市为重点的经济体制改革、综合经济部门管理体制配套改革、扩大对外开放和人口粮食生态综合治理等措施，贵州省国内生产总值从 1986 年的 139.57 亿元增长到 1990 年的 260.14 亿元，年均增长率为 7.0%，略低于全国 7.8% 的年均增速。人均 GDP 也从 1986 年的 467 元稳步增加到 1990 年的 808 元，但依然低于全国平均水平，每年在 30 个省（区、市）中排名仍然垫底，年均增长率 5.2% 略低于同期全国年均增速 6.0%。

二、经济发展快起来：夯实全面小康的物质基础

"八五"时期是贵州省非公有制经济快速发展时期，贵州同步加快国有企业组织结构调整，稳步推进宏观经济体制改革，继续深化流通体制改革，加快建设试验区和开发区，加快经济立法进程，省国内生产总值从1991年的295.9亿元跨越式增长到1995年的636.21亿元，年均增长率为8.6%，相比之前的几个五年计划时期，经济增速明显提升，虽然此增速已经非常高，但还是低于全国12.5%的年均增速。贵州人均GDP从1991年的899元稳步增加到1995年的1826元，但是同期全国人均GDP从1912元增加到5091元，各年都远低于全国平均水平，且在30个省（区、市）中排名仍是最后一名，年均增长率7.0%也同样远低于同期全国平均年均增速11.7%。这些数据再次表明，虽然纵向相比贵州经济取得了突飞猛进的发展，但横向比较贵州经济发展依然落后于其他地区。

"九五"计划时期，贵州省继续调整和优化经济结构，加大固定资产投资力度，改革开放进展较为明显，取得了一定成绩，城乡居民生活水平也有一定提高，各项社会事业也有一定程度的进步。贵州省国内生产总值从1996年的723.18亿元稳步增长到2000年的1029.92亿元，年均增长8.7%，稍稍高于全国8.4%的年均增速。人均GDP从1996年的2048元稳步增加到2000年的2759元，但依然低于全国平均水平：虽然每年在31个省（区、市）中排名仍然垫底，但年均增长率7.2%略低于同期全国年均增速7.3%。

"十五"时期是实施西部大开发战略打好基础、重点突破的关键时期，贵州省抢抓西部大开发机遇，不断深化改革，对工业结构进行实质性调整，对国有企业体制进行改革，贵州经济呈现出速度比较快的良好发展态势。贵州省国内生产总值从2001年的1133.27

亿元稳步增长到 2005 年的 1939.94 亿元，年均增长 10.6%，高于同期全国 10.4% 的年均增速，彰显出贵州省政府提升经济和改变人民生活水平的努力。人均 GDP 从 2001 年的 3000 元稳步增加到 2005 年的 5218 元，但同期全国人均 GDP 由 8717 元增加到 14368 元。贵州人均 GDP 基本上只有同期全国平均水平的 1/3，虽然各年在 31 个省（区、市）中排名仍然垫底，但年均增长率 11.0% 略高于同期全国年均增速 9.5%。

"十一五"期间，贵州省通过扎实做好"三农"工作，加大基础设施建设力度，加大经济结构调整力度，国内生产总值从 2006 年的 2264.09 亿元稳步增长到 2010 年的 4518.95 亿元，差不多翻了一番，年均增长率为 12.6%，稍高于同期全国 10.9% 的年均增速。人均 GDP 从 2006 年的 6103 元稳步增加到 2010 年的 12882 元，增加了 1 倍多，但同期全国人均 GDP 由 16738 元增加到 30808 元。虽然贵州人均 GDP 在 31 个省（区、市）中排名依然垫底，但年均增长率 14.2% 高出同期全国年均增速 3.8 个百分点。

2. 奋力赶超，冲出经济洼地

由于经济发展滞后，贵州的小康进程较为迟缓。2010 年贵州小康实现程度仅为 62.9%，而全国小康实现程度已达 80.1%，相差 17.2 个百分点。彼时，贵州经济发展实现程度为 51.6%，全国为 76.1%，相差 24.5 个百分点；贵州社会和谐实现程度为 61.4%，全国为 82.5%，相差 21.1 个百分点；贵州生活质量实现程度为 70.8%，全国为 86.4%，相差 15.6 个百分点；贵州民主法制实现程度为 85.2%，全国为 93.6%，相差 8.4 个百分点；贵州文化教育实现程度为 53.0%，全国为 68.0%，相差 15 个百分点；贵州资源环境

二、经济发展快起来：夯实全面小康的物质基础

实现程度为 70.5%，全国为 78.2%，相差 7.7 个百分点。（详见图 2-1）

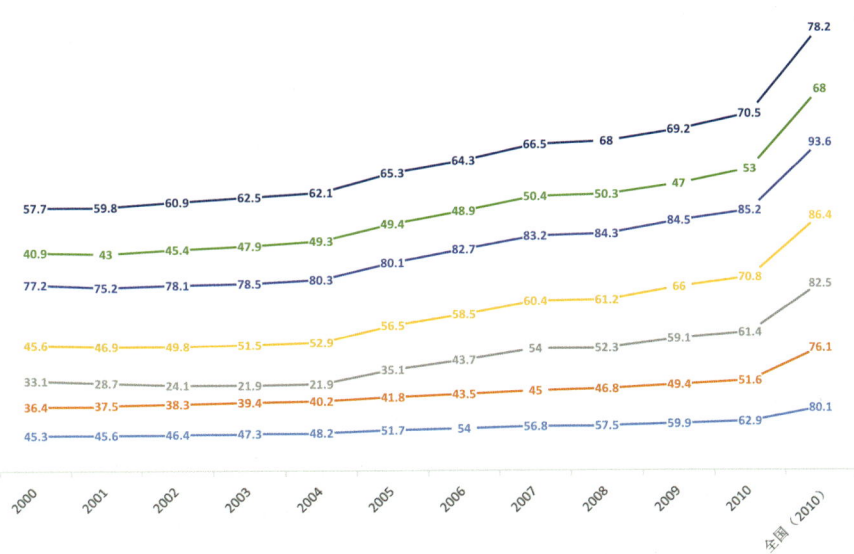

图 2-1 2000—2010 年贵州省全面建设小康社会实现程度（%）

资料来源：李裴主编《同步小康：战略选择——贵州省与全国同步全面建成小康社会战略比较研究》；国家统计局科研所《中国全面建设小康社会进程统计监测报告（2011）》。

对于贵州发展存在的问题，省委指出："贵州这些年来的发展相对慢了，因为'慢'，贵州在全国各地竞相发展的过程中处于越落越远的尴尬境地；因为'慢'，贵州经济发展缺乏强有力的内生支撑力；因为'慢'，贵州民生的改善和社会事业的发展举步维艰；因为'慢'，贵州全面建设小康社会实现程度目前仍处于全国的最末位次。"可以说，"慢"是改革开放以来贵州发展的主要特征，是贵州发展的主要症结所在，是制约贵州全面发展的根源所在。要解决"慢"的问题，贵州只有加快发展，后发赶超，舍此别无他途。

为此，中共贵州省委在省第十一次党代会上作出了"奋战五年、努力追赶，开启贵州科学发展新征程"的战略部署，提出了实现"三高于、一达到、五翻番"的目标任务，并对贵州要开创的后发赶超之路作了精辟论述。按照省第十一次党代会的要求，实现"两步走"的战略目标，关键就是到2015年，全省生产总值要确保实现1万亿元，人均生产总值接近5000美元；到2020年，生产总值在2015年的基础上翻一番以上，人均生产总值突破1万美元。也就是说，从2011年到2020年，贵州经济发展需要保持年均10.5%的增速。

围绕实现这一目标，贵州提出要坚定信心，善于运用有利条件和积极因素，在应对挑战中继续抓住和用好重要战略机遇期，高举"发展、团结、奋斗"旗帜，倍加珍惜凝聚起来的发展共识，倍加珍惜来之不易的发展局面，进一步把思想认识统一到主基调、主战略上来，奋力走出一条追赶型、调整型、跨越式、可持续的发展路子。贵州紧扣科学发展的主题，围绕转变经济发展方式的主线，突出加速发展、加快转型、推动跨越的主基调，重点实施工业强省战略和城镇化带动战略，大力提高农业产业化和服务业发展水平，统筹区域发展，深化改革开放，优化发展环境，切实改善民生，积极促进经济社会发展与人口、资源、环境相协调，为实现经济社会发展历史性跨越、与全国同步全面建成小康社会打下具有决定性意义的基础。

2011年，贵州省地区生产总值达5616.55亿元，比上年增长15.4%，增速全国排名第二；2012年增速13.0%，全国排第二；2013年增速12.4%，成为全国增速最快的省份。2015年，贵州省地区生产总值10541亿元，首次突破万亿大关，比上年增长

二、经济发展快起来：夯实全面小康的物质基础

10.7%，增速全国排名第二。一直到 2016 年，贵州省地区生产总值增速连续 3 年排名第二。2017—2019 年，贵州省地区生产总值比上年分别增长 10.2%、9.1% 和 8.3%，增速连续 3 年全国排名第一。2020 年，在新冠肺炎疫情影响下，贵州省地区生产总值达到 17826.56 亿元，增速 4.5%，比全国 2.3% 的增速高 2.2 个百分点，在全国排名第二。（详见表 2-1）

表 2-1　2011—2020 年贵州省经济增长率及在全国的位次

年份	贵州 GDP 总量（亿元）	贵州增速（%）	全国增速（%）	贵州增速在全国的位次
2011	5616.55	15.4	9.6	2
2012	6742.24	13.0	7.9	2
2013	7973.06	12.4	7.8	1
2014	9173.13	10.8	7.4	2
2015	10541.00	10.7	7.0	2
2016	11792.35	10.5	6.8	2
2017	13605.42	10.2	6.9	1
2018	15353.21	9.1	6.7	1
2019	16769.34	8.3	6.0	1
2020	17826.56	4.5	2.3	2

数据来源：《贵州统计年鉴 2021》。

2011—2020 年 10 年间，贵州省地区生产总值年均增速为 10.5%，全国年均增速为 6.8%，西部地区年均增速为 8.7%。（详见图 2-2）

全面建成小康社会 贵州全景录

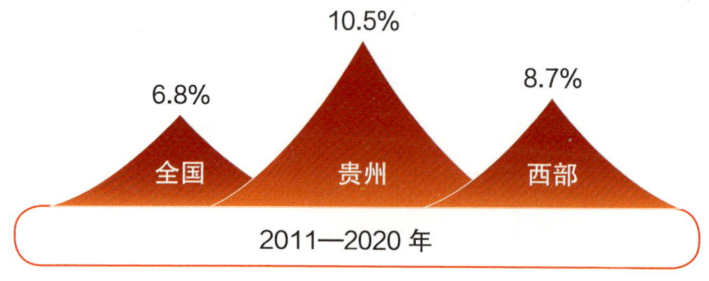

图 2-2　2011—2020 年全国、贵州、西部地区经济年均增速对比

经济的快速发展，使贵州经济总量在全国的位次不断前移：2015年超过新疆、吉林，由第26位上升到第24位；2016年超过天津，由第24位上升到第23位；2017年，超过黑龙江，上升到第22位；2020年上升到第20位。"今天的贵州不再垫底，不再是落后的代名词"，经济发展迈入新阶段。

3. 经济发展夯实小康物质基础

经济的快速发展，为人民群众带来了真真切切的实惠，人民群众收入稳步提高。2011 年，贵州省城镇常住居民人均可支配收入达 16495 元，农民人均纯收入达 4145 元，分别比上年名义增长 16.6% 和 19.4%。2012 年，贵州省城镇居民人均可支配收入增加到 18701 元，农民人均纯收入增加到 4753 元，分别比上年增长 13.4% 和 14.7%。2013 年，贵州省城镇居民人均可支配收入 20667 元，农民人均纯收入 5434 元，分别比上年增长 10.5% 和 14.3%。2014 年，贵州省城镇、农村常住居民人均可支配收入分别达到 22548 元和 6671 元，分别比上年增长 9.6% 和 13.1%，增速分别排全国第 4 位和第 1 位。2017 年，贵州省城镇、农村居民人均可支配收入分别达到 29080 元和 8869 元，分别比上年增长 8.7% 和 9.6%。2018 年，贵州省城镇、农村常住居民人均可支配收入分别达到 31592 元

二、经济发展快起来：夯实全面小康的物质基础

和9716元，分别比上年增长8.6%和9.6%。2019年，贵州省城镇、农村常住居民人均可支配收入分别达到34404元和10756元，分别比上年增长8.9%和10.7%；2020年，贵州省城镇、农村常住居民人均可支配收入分别达到36096元和11642元，分别比上年增长4.9%和8.2%。

收入水平的普遍提高，使人民群众的收入获得感进一步增强。贵州省社会科学院于2017年针对人民群众收入获得感到全省88个县开展问卷调查，共发放问卷4000份，收回有效问卷3824份（以下关于人民群众收入获得感的数据均来源于此次问卷调查）。问卷统计结果表明，10.6%的人民群众觉得很满意，20.8%的人民群众觉得较满意，38.9%的人民群众觉得一般。（详见表2-2）如果对人民群众的收入获得感进行归类，那么，有70.3%的人民群众是有收入获得感的，其中31.4%的人民群众对目前的收入获得感较高，处于较满意及以上水平。

表2-2 人民群众收入满意度

评价	频率	有效百分比（%）	累计百分比（%）
很满意	405	10.6	10.6
较满意	794	20.8	31.4
一般	1488	38.9	70.3
不太满意	632	16.5	86.8
不满意	397	10.4	97.2
说不清楚	108	2.8	100.0
合计	3824	100.0	

注：上表数据在计算时仅保留小数点后一位。

收入的增加使人民群众的生活水平也得到明显提高。统计结果表明（如表 2-3 所示），有 10.6% 的人民群众认为自己的生活水平与 5 年前比提升很大，30% 认为提升较大，33.5% 认为提升一般，16.8% 认为提升较小。也就是说，有 90.9% 的人民群众认为自己的生活水平在近 5 年来都有不同程度的提升，有获得感；40.6% 的人民群众认为自己的生活水平与 5 年前相比提升很大或提升较大，获得感非常明显。

表 2-3 人民群众生活水平获得感

评价	频率	有效百分比（%）	累计百分比（%）
提升很大	407	10.6	10.6
提升较大	1149	30.0	40.6
一般	1281	33.5	74.1
提升较小	644	16.8	90.9
没有提升	256	6.7	97.6
说不清楚	87	2.3	99.9
合计	3824	99.9	

注：上表数据在计算时仅保留小数点后一位。

（二）夯实产业兴黔基础

特色优势产业发展不足，是导致贵州经济基础薄弱、经济发展滞后的重要原因，发展特色优势产业是增强贵州发展内生动力的主

二、经济发展快起来：夯实全面小康的物质基础

要途径。贵州立足产业基础和资源优势，在结构调整中发展现代特色产业体系，集中力量打造白酒、烟草、茶叶、特色食品和民族制药"五张名片"，加快推进煤电磷、煤电铝、煤电钢、煤电化"四个一体化"，扎实推进大扶贫、大数据、大生态"三大战略行动"，着力稳增长、调结构、促改革、防风险，全省工业经济总体保持平稳健康发展，呈现出"稳中有进、结构趋优、质效齐升、活力增强"的良好态势，有力支撑了全省经济社会"黄金十年"的快速发展。

1. 工业经济取得新成就

党的十八大以来，贵州省委、省政府坚决贯彻落实党中央、国务院决策部署，全力坚守发展和生态两条底线，大力实施工业强省战略，努力探索工业经济发展新路，奋力克服经济增速放缓、市场有效需求不足、节能降耗压力增大等困难，主动适应新常态、谋划新思路、化解新矛盾，工业经济发展呈现出总量扩大、结构趋优、效益改善、动能增强的良好发展态势。截至2020年，全省工业总产值达1.4万亿元；工业增加值达4602亿元，从2015年的全国第25位上升到第21位，规模以上工业增加值年均增长8.6%，增速连续5年位居全国前列；500万元口径工业投资累计完成近1.8万亿元，年均增长14.6%。规模以上工业企业资产总额达到1.6万亿元，营业收入达到1万亿元，利润总额突破1000亿元；工业税收占全省税收比重约35%；数字经济增速连续5年保持全国第一，为全面开启新型工业化新征程奠定了坚实基础。

通过针对性的招商引资、承接产业转移，天然气开采、合成纤维制造、电车生产等一批企业相继在贵州建厂投产，全省工业行业覆盖面进一步扩大、产业链有效延伸。医疗仪器设备、太阳能热水

器、北斗卫星设备等一批高技术含量产品，纯苯、表面活性剂等精细化工产品，家用烘烤箱、冷冻蔬菜等生活消费类产品在贵州实现零的突破。按照"以重大技改项目为突破，以主机带动为重点，以国防科技工业为依托，大力发展矿产业装备、航空航天、数控机床等技术及产品，加快发展电子信息、新材料、生物技术等新兴产业"的总体要求，全省装备制造业发展成效显著。以贵州益佰、信邦制药、贵州百灵为代表的苗族医药产业和以富士康、以晴光电等为代表的电子信息产业的高速发展，对全省构建特色产业体系，助推工业经济转型升级具有重要意义。截至2020年，全省已拥有39个工业大类；轻重工业比重由2015年的38.7：61.3调整为49.8：50.2；制造业占全省工业的比重由66.4%提高到73.1%；能源原材料产业占比由53%下降到43%；高技术产业工业产值年均增长11%；十大

贵州十大工业产业

二、经济发展快起来：夯实全面小康的物质基础

工业产业全部迈入千亿级行列；茅台集团营业收入突破千亿级大关，在全国酒类行业率先迈上千亿级台阶，为推动工业高质量发展创造了良好条件。

"十三五"期间，全省开发区综合承载能力逐步增强，产业集中度明显提升，贵阳经济开发区、贵州仁怀经济开发区总产值突破千亿元大关，建成总产值200亿元级以上开发区19个、100亿元级以上开发区38个；创建国家新型工业化产业示范基地14个、国家级中小企业创新创业特色载体4个。全省开发区规模以上工业企业户数、总产值占全省比重分别达到79%和81%，较2015年分别提高10个和16个百分点；开发区吸纳就业人数超过130万，为产业集聚、集约、集群发展提供了有力支撑。

"十三五"期间，全省规模以上工业企业R&D（研究与试验发展）经费支出年均增长16%以上，占主营业务收入比重由0.46%上升到0.9%。航天江南"高比能量锂离子电池关键技术及应用"项目获国家技术发明二等奖。重大科学基础设施FAST（500米口径球面射电望远镜）运行维护作业机器人系统列入"十三五"国家重点研发计划。全省累计新增15个国家级和93个省级工程（技术）研究中心、重点（工程）实验室、企业技术中心和技术创新示范企业，建成省级制造业创新中心试点6个，为推进产业基础高级化、产业链现代化注入了强大动力。

"十三五"期间，贵州"工业云"公共服务平台率先成为国家制造业与互联网融合发展的试点示范；振华电子、磷化集团等7个项目入选工信部工业互联网创新发展工程；获得国家智能制造试点示范项目7个，航天电器智能制造样板车间达到全国一流水平。全省数字化研发设计工具普及率从48.2%提高到55.6%，关键工序数

控化率从34.6%提高到38.8%，全省工业企业两化融合发展水平指数由31.9提高到47.7，在全国排名提高3位，为数字经济发展按下了加速键。

"十三五"期间，贵州省规上工业企业单位增加值能耗累计下降25%以上。截至2020年底，全省共有25家绿色工厂、6个绿色园区、8个绿色设计产品、1个绿色供应链纳入国家绿色制造名单，2家企业入选国家工业产品绿色设计示范企业，创建了一批省级绿色制造示范单位。贵州率先在全国推行磷化工企业"以渣定产"，2020年实现当年磷石膏"产消平衡"，大宗工业固废资源综合利用率较2015年提高7个百分点；水泥窑协同处置城市生活垃圾项目获批全国唯一试点省份，绿色发展能力显著增强，为工业可持续发展提供了保障。

截至2020年底，贵州省民营经济市场主体达到300多万户，"老干妈"公司综合营业收入突破50亿元，民营经济占地区生产总值的比重达53.5%，对全省经济增长的贡献率超过70%；获批国家专精特新"小巨人"企业14家，为加快中小企业向专精特新发展营造了有利条件。

2. 数字经济迈上新台阶

由海量数据资源的挖掘和应用催生的大数据产业，蕴含着巨大的商业价值和社会价值，是全球下一个促进创新、驱动增长、促进发展的前沿领域。而大数据与信息、生物、高端制造、节能环保、新能源等领域的深度融合和创新应用，将广泛带动相关产业转型升级，是全球竞相发展的战略性新兴产业。

贵州发展大数据产业具有得天独厚的资源气候条件和产业基

二、经济发展快起来：夯实全面小康的物质基础

础。早在 2012 年 11 月，贵州省委、省政府就出台了《关于加快信息产业跨越发展的意见》（黔党发〔2012〕27 号），明确"构建以贵安新区为核心，贵阳市、遵义市为两极，多地协同发展的'一区、两极、七基地'的产业格局"，全力抢占新一代信息技术发展先机，努力在新兴领域取得突破性进展。2013 年 7 月，《贵州省云计算产业发展战略规划》发布，明确"通过设立云计算产业园、制定扶持政策，实施六个重点项目，在贵州打造完整的云计算产业链"。

2014 年 2 月，贵州省政府印发《关于加快大数据产业发展应用若干政策的意见》和《贵州省大数据产业发展应用规划纲要（2014—2020 年）》，明确从基础设施建设、企业引进和培育、产业投融资体系建立、人才队伍建设等多方面发力，打造大数据产业发展应用新高地，推动大数据产业成为贵州经济社会发展的新引擎。从 2014 年 3 月开始，贵州连续举办大数据招商推介会，拉开了全省大数据发展的帷幕，是全国最早从省委、省政府层面立体推

贵州抢抓机遇深入实施大数据战略行动，数字经济蓬勃发展。图为中国电信、中国移动、中国联通贵安数据中心

动大数据发展的省份，在国家作出大数据战略部署之前，就已开展先行探索。贵州率先建成全国首个省级一体化政府数据汇聚共享平台——云上贵州系统平台，率先成立全国第一个大数据交易所，率先出台全国第一部大数据地方法规等，适时适势地抓住了大数据发展的机遇，走上了大数据发展的快车道。

2017年，贵州积极抢抓数字经济发展先机，2月出台《贵州省数字经济发展规划（2017—2020年）》，3月下发《中共贵州省委 贵州省人民政府关于推动数字经济加快发展的意见》，实施数字经济倍增计划，创造性地提出并加快发展资源型、技术型、融合型、服务型"四型"数字经济，成为继2016年9月G20杭州峰会发起数字经济发展与合作倡议后，在全国率先发声的省份。贵州大数据发展继续保持了风生水起的良好势头，数字经济蓬勃发展。以电子信息制造业为引领的大数据产业成为全省工业经济第三大增长点，一批国际知名企业和项目在贵州落地，建成贵阳·贵安国家级互联网骨干直联点，数字经济新业态不断涌现。贵州大数据发展成为"数字中国"建设的生动实践。

一是大数据相关产业迅猛发展。贵州充分发挥数据中心集聚优势，大力发展大数据电子信息等数字产业，推动实施大数据"百企引领"行动，培育了一批数字经济优强企业。2015—2020年数字经济增速连续6年位居全国第一；2021年贵州数字经济加速突破，增加值超过6500亿元，占GDP比重的34%左右。

二是大数据促进相关产业高质量发展。推动大数据与实体经济加快融合。贵州开展"数字经济"攻坚战，省人民政府出台《贵州省实施"万企融合"大行动 打好"数字经济"攻坚战方案》，实施"万企融合"，这是全国第一个在全省覆盖推进大数据和实体经

二、经济发展快起来：夯实全面小康的物质基础

济深度融合，分产业、分行业开展融合的大行动。2018年以来，贵州共建设102个融合标杆项目、1050个融合示范项目，带动融合企业1625户，引导10124户企业"上云"，促进实体经济向数字化、网络化、智能化转型。贵州探索建立了全国首个面向大数据与实体经济深度融合指标评估体系，并在全省14947户实体经济企业中推广应用，助推分类施策，实现精准融合。

大数据与工业融合发展涌现新示范。工业加快向智能化生产、个性化定制、网络化协同、服务化延伸转型。贵州"工业云"云平台应用比例达到38.4%，成为全国4个面向特定区域工业互联网平台试验项目之一。贵州航天电器股份有限公司、贵阳海信电子有限公司等9家企业入选国家级智能制造、国家信息化和工业化融合试点示范；贵州轮胎股份有限公司、贵州詹阳动力重工有限公司等

贵州着力实施"工业倍增计划"，工业产业快速壮大。图为国内最大的工程机械轮胎生产、配套、出口基地——贵州轮胎股份有限公司的生产车间

10家企业成为国家信息化和工业化融合管理体系贯标试点企业；全省两化融合指数在全国排名从2014年的第29位提升至2019年的第19位。

大数据与农业融合发展拓展新空间。贵州农业持续向生产管理精准化、质量追溯全程化、市场销售网络化融合升级，支撑农业产业经济效益不断提高。建立健全农业生产管理、市场销售、监管服务等全链条"大数据+农业"体系，建成"500亩以上坝区农业大数据平台"，458个农产品纳入追溯系统，10个农业物联网基地建成，3个市（州）、70个县入选国家级电子商务进农村综合示范项目点，建成村级电商服务站点1.022万个。

大数据与服务业融合发展开创新模式。贵州服务业持续向平台型、智慧型、共享型融合升级，大数据在旅游、物流、健康、养老、金融、文化等服务业广泛应用，全省生产性服务业应用大数据、互联网创新服务模式的企业比例达17.9%，涌现了大量新产品、新业态，产生了智慧旅游、贵阳酒店帮、贵安新区搜床网、优车动力等一批典型应用和企业，AAAA级以上景区视频数据全部接入智慧旅游服务平台。

3. 服务业发展取得新突破

"十三五"时期，贵州服务业规模持续扩大，增加值由2015年的4872.31亿元增加到2020年的9075.07亿元，年均增长8.9%，高于全国平均水平3.2个百分点。服务业成为经济增长的主引擎，对经济增长的年平均贡献率为48.7%，2020年增加值占全省GDP比重达50.9%，服务业税收收入占比达55.6%，服务业固定资产投资占比达77.2%。

二、经济发展快起来：夯实全面小康的物质基础

大旅游、大数据、大健康、现代金融、现代物流、科技研发等现代服务业蓬勃发展。旅游业保持井喷式增长，世界一流山地旅游目的地和国内一流度假康养目的地建设取得重大突破，2020年旅游及相关产业增加值达900亿元。大数据服务业潜力不断释放，国家大数据综合试验区建设成效显著，苹果、华为、腾讯、阿里巴巴等世界领先企业先后入驻，一批国家部委、行业和标志性企业大数据中心落户贵州，建成贵州·中国南方数据中心示范基地。数字经济增速连续6年位居全国第一，吸纳就业增速连续2年全国第一。大健康产业创新发展深入推进，"医、养、健、管、游、食"深度融合，全省体育产业总规模达280亿元，森林康养综合收入近80亿元。现代物流业加快发展，五大体系不断完善，物流成本下降到15.5%。金融体系不断健全，企业上市融资取得新突破，金融业成为全省经济的支柱产业，占GDP比重达6.4%。科技研发规模快速扩张，功能不断增强，业态日益多样，建成贵州科学城、国家质检中心等一批重大项目，正在成为全省高质量发展的重要动力。

100个省级现代服务业集聚区建设取得重大进展，贵阳国家高新区综合型生产性服务业集聚区、贵安新区大数据服务产业集聚区、安顺黄果树特色优势服务产业集聚区等现代服务业集聚区集聚效应、规模效应、带动效应逐渐显现，成为集聚高端要素、提升城市功能、优化产业结构的重要载体。截至2020年，100个现代服务业集聚区累计入驻服务业市场主体达3.08万户，占全省服务业市场主体的1.06%。创新服务平台量质齐升，全省工程技术研究中心达149家，省级科技企业孵化器达39家（国家级9家），大学科技园达11家（国家级2家），众创空间达63家（国家备案24家）。建成4家国家级双创示范基地，26家国家级、

213家省级企业技术中心。创新能力持续增强，2020年，技术合同登记成交额达249.12亿元，每万人发明专利拥有量达3.42件。

服务业行政审批体制改革取得重大进展，实现政务服务"一网通办"，企业开办时间压缩至3个工作日以内，服务业市场准入门槛大幅降低，营商环境显著优化。上海自贸区等改革试点经验深入推广，内陆开放型经济试验区加快建设，服务业全方位、多层次、宽领域的全面开放格局基本形成。构建了"一枢纽、十支线"机场布局，打造了"1+8"国家级开放创新载体，形成了以龙洞堡国际机场口岸为主导、遵义新舟机场和铜仁凤凰机场临时口岸为支撑的"1+2"口岸体系。主动融入"一带一路"和长江经济带、粤港澳大湾区等国家战略，积极参与西部陆海新通道建设，稳步推进中欧班列常态化运行，中国（贵阳）跨境电商综合试验区建设取得新进展。中国国际大数据产业博览会升格为国家级博览会，生态文明贵

贵州持续推进开放平台建设，打造引领对外开放的强劲引擎。图为贵阳龙洞堡国际机场

阳国际论坛、中国—东盟（贵阳）"一带一路"文化旅游交流周、中国（贵州）国际酒类博览会、国际山地旅游暨户外运动大会等重大开放平台影响力不断提升。服务业招商引资取得新突破，累计招商引资到位资金达1.9万亿元。

4.农业生产方式实现新变革

贵州通过纵深推进农村产业革命，12个农业特色优势产业（茶叶、食用菌、蔬菜、牛羊、特色林业、水果、生猪、中药材、刺梨、生态渔业、辣椒、生态家禽）加快发展，有力推动了农业生产增加值快速增长，为全省经济持续稳定增长提供了有力支撑。2018年，贵州省第一产业增加值增长6.8%，位居全国第一；全省农村常住居民人均可支配收入达9716元，比上年增长8.1%，增速继续保持全国前列。2019年，全省农林牧渔业增加值达2408.03亿元，比上年增长5.7%，其中，种植业增加值达1566.47亿元，比上年增长8.3%；农村居民人均可支配收入达10756元，比上年增长10.7%。2020年，第一产业增加值增长6%以上，农村居民人均可支配收入增长8.2%，两项增速继续位居全国前列，有力地推动了全省经济稳定增长，种植业结构调整成效持续显现。

贵州通过推动构建农业产业经营组织体系、大力推广"龙头企业+合作社+农户"组织方式，使农业组织化程度明显提升，经营主体与农户的产业发展共同体关系愈发紧密。通过不断优化产业布局，大力发展特色产业的产业带、产业群、产业基地等，产业发展更加集约集中，规模经营效应愈发突出。通过大力调减低效作物，替代种植高效经济作物，调优产业品种，经济效益明显提升，带动成效更加突出。

贵州坚持立足资源禀赋、气候条件、产业基础、市场需求和脱贫攻坚等，推动优势产业优先发展、优势品种优先突破，推动特色优势产业持续发展壮大。食用菌裂变式发展，由2015年的不到3亿棒增加到2019年的近31亿棒，实现了10倍的增长；2020年食用菌种植规模44.8亿棒、产量147.6万吨、产值184.9亿元，同比分别增长39.1%、29.7%、36.1%，迈入全国食用菌生产第一梯队；茶叶、蓝莓、李子、刺梨种植面积全国第一；辣椒产销全国第一，2020年5月15日，农业农村部和财政部公布了2020年全国优势特色产业集群建设名单，贵州朝天椒获批准立项，中央财政每年支持1亿元，连续支持3年；猕猴桃、火龙果等产业在全国名列前茅；百香果产业从无到有，规模挤进全国前三。

（三）实施投资驱动战略

中央把稳定投资作为稳增长的关键，强调要尽快下达中央计划内项目，尽快启动一批事关全局、带动性强的重大项目。贵州紧紧抓住机遇，积极争取国家支持，实施了一大批交通、水利等基础设施项目和产业项目，有力地支撑了贵州的产业发展。

1. 投资拉动是贵州发展的"第一动力"

投资、消费、出口是拉动经济增长的强大动力，通常被称为拉动经济增长的"三驾马车"。过去贵州经济发展之所以缓慢，投资规模小是原因之一。按照500万元口径计算，2002年和2011年贵州固定资产投资总量分别为632亿元和3944亿元，占全国比重从1.5%下降到1.3%。从速度看，2002—2011年，贵州省地区生产总

二、经济发展快起来：夯实全面小康的物质基础

值平均增长 12.1%，固定资产投资年均增长 22.5%。

2011—2020 年，贵州的固定资产投资增速和 GDP 增速一样，领跑全国。用固定资产投资总量/GDP 这个比例来衡量固定资产投资对经济的拉动，2011—2020 年，贵州的比值均高于全国平均水平，说明贵州经济的投资拉动特征明显，投资是贵州经济快速增长的主要动力。（详见图 2-3）

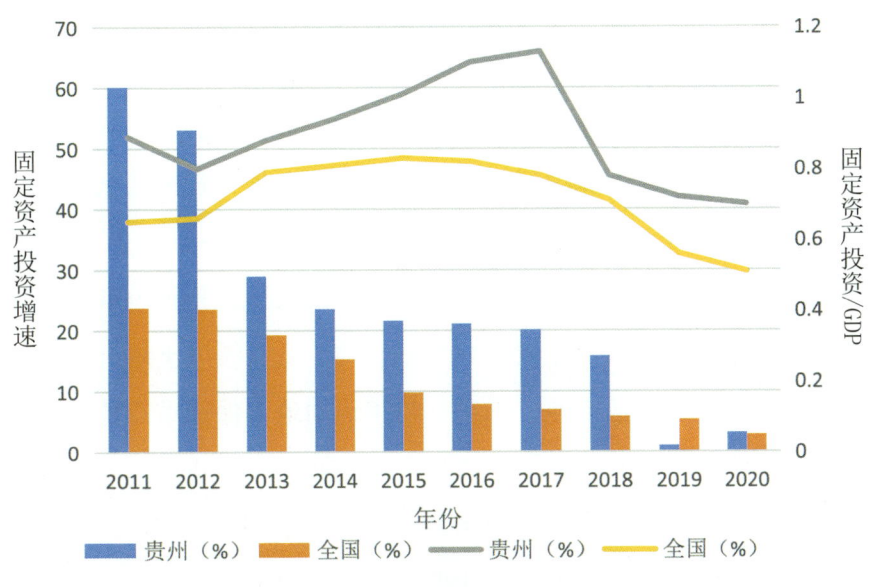

图 2-3　贵州省 2011—2020 年固定资产投资情况

数据来源：2011—2021 年国家、贵州省统计公报。

2. 以项目建设为抓手扩大投资

鉴于投资对拉动贵州经济发展的重要性，贵州牢固树立抓投资就是抓发展的理念，以投资总量的增长拉动发展，以投资增量的扩张推进发展方式转变。在投资项目上，贵州全面推进基础设施项目、产业项目、民生项目建设；在资金来源上，统筹和扩大国有投资、

民间投资和外商投资。

贵州切实抓好国发〔2012〕2号文件的项目化、实物化落实，加强项目前期工作，力争国家批准贵州新开工一批重点项目。为提高项目谋划质量，推进项目进展，贵州增加项目前期工作经费投入，加强项目储备和项目库建设，形成了充足的项目储备；抓好项目前期研究和规划设计，加快环境评价、土地预审等工作进度，进一步缩短土地、环境评价等审批时限；建立重大项目建设领导协调机制和定期会商会办制度，强化地方政府重大建设项目征地拆迁安置主体责任；依法开展项目征地拆迁，做好被征地群众的权益维护和动员引导工作，保障项目顺利实施。除此之外，贵州还全面清理闲置土地，盘活土地存量，积极开展低丘缓坡建设用地整治试点，推广"工业梯田"，大力探索山地城镇建设路子；积极争取国家增加用地指标，深化城乡建设用地增减挂钩、低丘缓坡土地开发利用试点工作，盘活存量土地，推进节约集约用地，保证重点建设项目所需的环境容量。

贵州把六个小康行动计划作为推动基础设施向乡村延伸的重要抓手，整村整乡打造，集中连片推进，整合建设资金，扩大项目覆盖面，持续改善农村生产、生活、生态环境。

贵州省不断加大对基础设施领域的投入，基础设施领域的增加值和占总投资的比例不断增加。一方面，基础设施得到不断完善；另一方面，基础设施投资对全省投资的持续快速增长起到重要支撑作用。以2013—2016年的数据为例，全省4年累计完成基础设施投资15447.22亿元，年均增长28.8%，年均增速比全部投资的高4个百分点；4年间基础设施投资对全省投资增长的平均贡献率达到

二、经济发展快起来：夯实全面小康的物质基础

44.8%，各年贡献率分别为 38.7%、47.4%、39.8% 和 53.4%。

社会事业领域投资也稳步提高。2013—2016 年间，教育投资年均增长 33.3%，年均增速比全部投资的高 8.5 个百分点，4 年累计投资 735.93 亿元；卫生和社会工作投资年均增长 37.6%，增速比全部投资的高 12.8 个百分点，累计完成投资 245.03 亿元。

不断加强对装备制造业的投资力度。在装备制造业内部，与大数据相关的计算机、通信和其他电子设备制造业占装备制造业投资的比重由2012年的7.7%提高到2016年的16.1%；通用设备制造业、电气机械和器材制造业、专用设备制造业、金属制品业投资占比分别提高3.2、2、1.4和0.8个百分点。（详见表2-4）

表 2-4 贵州省 2012—2016 年装备制造业主要行业投资占比（%）

行业名称	2012年	2013年	2014年	2015年	2016年
金属制品业	13.5	16.1	14.1	14.1	14.3
通用设备制造业	13.0	7.7	8.2	8.2	16.2
专用设备制造业	14.4	20.9	16.2	16.2	15.8
汽车制造业	28.0	20.4	27.2	27.2	15.0
铁路、船舶、航空航天和其他运输设备制造业	8.9	6.9	6.4	6.4	5.8
电气机械和器材制造业	12.2	20.6	14.3	14.3	14.2
计算机、通信和其他电子设备制造业	7.7	6.4	11.9	11.9	16.1
仪器仪表制造业	1.6	0.9	1.5	1.5	2.1

注：上表数据在计算时仅保留小数点后一位。

为增强固定资产投资的资金保障能力，在基础设施、民生工程、生态环境等领域，贵州积极争取国家提高专项建设资金投入的比重，提高对交通、水利等建设项目的投资补助标准和资本金注入比例，加大企业技术改造和产业结构调整专项对特色优势产业的支持力度。认真落实积极的财政政策，争取中央增加对贵州的转移支付。统筹安排地方财力，拿出必要资金支持项目建设。压减一般性支出，逐步取消竞争性领域专项投入，加大三大战略行动、"三农"、创新驱动、民生等领域投入。

推动"引银入黔"，争取各银行总部扩大贵州信贷投放规模，保持信贷规模合理增长，积极利用外贷资金；引导金融机构向农村延伸，引导民间资本进入金融领域。组建贵州银行，引进一批金融机构，发展村镇银行和小额贷款公司。加强诚信、担保体系建设，优化金融生态环境。组建产业发展基金和产业并购基金，助推大企业发行债券和上市融资。发展股权投资和产权交易市场，积极开展项目融资。规范和完善举债融资机制，积极稳妥地发展政府投融资平台。

发展债券融资和股权投资基金，支持企业上市融资，鼓励上市公司再融资。注重金融创新，积极发展互联网金融、外资融资租赁等新兴业态，提高直接融资比重。引导金融机构加大对实体经济特别是中小企业的支持力度。

推动民间投资，制定贯彻落实《国务院关于鼓励和引导民间投资健康发展的若干意见》和鼓励民营经济加快发展的政策措施，加大对非公有制经济的财税、金融等政策支持力度，破除投资壁垒，降低准入门槛，引导和鼓励民间资本投资基础设施建设，参与土地整治、矿产资源勘查开发、特色经济发展，兴办各类规模化的民营

二、经济发展快起来：夯实全面小康的物质基础

医疗机构，进入市政公用事业、保障性住房、社会事业等领域，参与国有企业改革。加强中小企业社会化服务体系建设，培育一批非公有制经济产业园区。积极培育机构投资者，鼓励各类投资主体参与基础设施、产业园区建设和产业整合，组建多种形式的投融资公司，促进民间投资快速增长。

3. 投资改变了发展环境

贵州作为全国唯一没有平原的省份，境内山高谷深、沟壑纵横，"连峰际天、飞鸟不通"，历来被视为畏途，交通落后成为制约全省经济社会发展的根本原因。

贵州省委、省政府一直高度重视交通发展，按照"交通引领经济"的理念，始终把交通基础设施建设摆在全省经济社会发展的重要位置常抓不懈，并于2008年明确提出实施"交通优先发展战略"。2012年1月12日，《国务院关于进一步促进贵

贵州公路建设突飞猛进，西南公路交通枢纽地位愈加凸显。图为思南—剑河高速公路

53

全面建成小康社会 贵州全景录

贵州 2015 年实现县县通高速,2021 年高速公路通车里程突破 8000 公里。图为沪昆高速贵州段穿越贵安万亩樱花园

州经济社会又好又快发展的若干意见》(国发〔2012〕2 号)出台,贵州以国发〔2012〕2 号文件定位的"打造西南重要陆路交通枢纽"为引领,相继打出了"铁路建设大会战""高速公路水运建设三年会战""'四在农家·美丽乡村'基础设施建设——小康路行动计划""农村公路建设三年会战""农村'组组通'公路建设三年大决战"等一系列加快交通建设的"组合拳",交通基础设施建设跑出了"贵州速度",全省交通发生了翻天覆地的变化,构建起了集水陆空于一体的综合交通体系,成为全省经济增速连续多年保持全国前列的强有力支撑。

"十三五"期间,全省公路里程从 18.6 万公里增至 20.7 万公里,铁路营业里程从 3037 公里增至 3867 公里,机场从 10 个增至 11 个,

二、经济发展快起来：夯实全面小康的物质基础

水运通航里程从3660公里增至3957公里，为推动贵州经济社会高质量发展提供了最重要的基础支撑。

贵州铁路建设突飞猛进，已全面融入国家高铁网。贵广、沪昆、渝贵、成贵高铁在贵阳枢纽交汇，贵州融入了全国已经建成的"四纵四横"高铁网，实现了贵阳与周边省会及全国主要城市的高铁连通。截至2020年，全省高速铁路里程超过1500公里。

公路建设强势推进，西南公路交通枢纽的地位愈加凸显。"十三五"期间，贵州新增高速公路2486公里，截至2020年底，通车里程突破7600公里，出省通道由15个增至22个。改造普通国省干线4664公里，通车里程达2.63万公里。新改建农村公路6万公里，率先在西南地区实现"组组通"硬化路。

民航建设快速推进，加快构建全省1小时空中交通圈。2018年底，贵州就已建成1个枢纽机场与10个支线机场，"一枢纽十支线"的机场布局已经完成。贵州与全国省会城市、经济发达城市及重要客源地城市实现了全覆盖。航线网络通达全国所有直辖市、省会城市、副省级城市、重要旅游城市及部分三、四线城市。

内河航运发展迅速。乌江是长江上游南岸最大的支流，是贵州连接长江经济带的主要出省水运通道。2016年底，贵州实现乌江贵州段全线复航。"十三五"期间，通过5年的快速发展，乌江水运通道建设效果逐步显现，贵州水运发展呈现良好态势。

一系列交通建设成就，使贵州从西南地理枢纽转变为西南重要陆路交通枢纽，让贵州与全国实现畅通联结，夯实了经济社会发展的交通基础，有力推动了新型工业化、新型城镇化、农业现代化和旅游产业化建设，为贵州融入新发展格局创造了优势和条件。日益完善的立体交通网络，引领贵州新一轮产业转移和产业结构调整，

吸引外界活力要素源源不断流入，微软、西门子、阿里巴巴等一大批国内外500强企业入驻贵州。

调查结果显示（详见表2-5），14.7%的人民群众对当地交通出行状况很满意，32.1%比较满意，30.8%满意；也就是说，77.6%的人民群众在交通出行方面有明确的获得感。调查中有人民群众反映说："我们贵州是西部省份中第一个实现县县通高速的省，在全国范围内也是走在前列的，这事让我们感觉挺自豪。""以前要回家一次很难，现在交通方便了，想什么时候回就什么时候回。"

表2-5 人民群众交通出行满意度

评价	频率	有效百分比（%）	累计百分比（%）
很满意	562	14.7	14.7
比较满意	1226	32.1	46.8
满意	1177	30.8	77.6
不太满意	512	13.4	91.0
不满意	301	7.9	98.9
说不清楚	45	1.2	100.1
合计	3823	100.1	

注：上表数据在计算时仅保留小数点后一位。

除了构建起立体化的交通大动脉，交通毛细血管也在不断被打通。据省交通厅负责人介绍："组组通"可惠及近4万个自然村寨1167万农村人口，其中建档立卡贫困人口183万人，而在"组组通"建设过程中，也直接带动121万人次的群众参与其中，累计带动增

二、经济发展快起来：夯实全面小康的物质基础

城市交通体系持续优化，为贵州经济社会发展夯实了基础性保障。图为贵阳黔春路立交桥

收81.2亿元，其中贫困群众20余万人次，增收27.1亿元。

水利基础设施建设方面。2011年，全省完成水利投资150亿元。开工建设20个中型骨干水源工程，建成"滋黔"一期工程项目9个、烟水配套工程80万亩、机井400口，新增有效灌溉面积130万亩，解决了325万农村人口的饮水安全问题。2012年，开工建设黔中水利枢纽和52个骨干水源工程，加强病险水库除险加固和烟水配套工程建设，解决了1400多万农村人口的饮水安全问题；新增有效灌溉面积600多万亩，水利工程总供水量提高到98.8亿立方米。2013年，启动水利建设三年会战，加快推进黔中水利枢纽工程，开工夹岩水利枢纽工程等25个骨干水源工程，水利工程总供水量达到102亿立方米；增加有效灌溉面积75万亩，新增解决333万

农村人口及学校师生的饮水安全问题。2019年，开工建设凤山大型水库和70座中小型骨干水源工程。2020年，76个县中型水库投运，当地工程性缺水问题得到极大改善，全面解决了农村群众的饮水安全问题。

2019年提前一年实现国家新一轮农村电网改造升级三大指标，农村电网供电可靠率达到99.8%，综合电压合格率达97.9%。实现所有行政村光纤网络、4G网络全覆盖，通过"广电云"村村通、户户用将扶贫信息、远程医疗、远程教育等信息及功能应用传输到农村千家万户。

（四）增强经济发展活力

贵州全面深化改革开放，以开放倒逼改革，以开发促进开放，以开放支撑发展。重要领域和关键环节改革取得突破性进展，发展动力和活力明显增强，转向高质量发展的"制度红利"不断释放。

1. 始终不渝抓好改革

党的十一届三中全会以来，贵州不断推进经济体制改革，初步建立起社会主义市场经济体制框架，但一些体制内的深层次问题仍未解决。贵州省第十一次党代会报告指出：我们必须在前进的道路上，我们还面临着许多突出困难和问题……思想观念落后，改革任务艰巨，开放程度不高，投资环境欠佳，民营经济薄弱，市场化发育不足，制约科学发展的体制机制问题还没有得到根本解决。针对存在的问题，党代会报告进一步指出：贵州许多方面的改革不到位，没有实质性突破。深化改革仍然是今后一个时期的艰巨任务，也是发展的动力、活力所在。我们要更加注重增强改革的自觉性、坚定性、创造性，大胆探索，先行先试，以更大决心和勇气全面推进各项改革，加快破除一切妨碍科学发展的体制机制弊端。

在具体的改革内容上，贵州省第十一次党代会报告认为：贵州当前的经济体制改革，核心是转变政府职能。一方面，政府退出还不够，特别是在某些领域，政府仍然管了许多不该管也管不好的事；另一方面，解决经济、社会的深层次矛盾又要求加强政府引导，以增强市场配置资源的功能，纠正市场失灵现象。要着眼于提高政府工作效能，精简和完善政府机构设置，坚持依法行政，改进政府工作方法，建设服务、责任、法治、廉洁政府。着眼于发挥市场配置资源的决定性作用，积极培育和发展市场中介组织，不断完善社会管理网络，提高整体经济运行效率。重点是深化国有企业改革：进一步深化国有企业产权制度改革，建立多元投资主体，普遍进行股份制改造，完善真正意义上的现代企业制度和法人治理结构。加快培育壮大市场主体，大力发展非公有制经济，大幅度提高民营经济的比重。关键是加大配套改革：按照中央的部署，加快政府审批制度改革和事业单位分类改革，深化投融资体制和金融改革、财税体制改革、劳动收入和工资分配制度改革、医疗卫生教育文化体制改革、社会管理体制机制改革。

2. 持之以恒做好开放

贵州坚持把对外开放作为加快发展的关键一招，"借船出海"，增强经济社会转型发展的动力与活力。积极构建立体开放通道，搭建贵安新区等"1+8"国家级开放创新平台，依托数博会、酒博会、

贵州加快融入"一带一路"及西部陆海新通道建设，积极推进中欧（中亚）班列运行。图为贵州首列中欧班列开行

中国—东盟教育交流周等重大国际会议平台，参与"一带一路"和长江经济带建设、泛珠三角合作，与各省区市实现通关一体化，开展内陆沿边地区国际贸易"单一窗口"试点。贵州对外开放的"朋友圈"越来越大，朝着建成以投资贸易便利化试验区、现代产业发展试验区和开放式扶贫试验区"三位一体"的内陆开放型经济试验区的目标迈进。"十二五"期间，贵州省年平均进出口的增长速度为32.24%，同期全国年平均进出口增速为6.54%、西部地区为19.9%，贵州的平均增速显然居于高位水平。

为了更好地服务对外开放，贵州不断提高通关便利化水平。改

二、经济发展快起来：夯实全面小康的物质基础

善出口商品报关、报检、服务和营运环境，支持机电、高新技术产品、特色农产品、旅游和民族工艺品等出口。做好"综合保税区"申报工作，推进"无水港"建设。支持企业"走出去"，开展海外并购、工程承包和劳务合作。推行"负面清单"管理，对国（境）外投资者提供免费代办核准、审批、审核登记等手续服务。争取增设一批海关和检验检疫分支机构，加强电子口岸建设，推进与沿海沿边城市口岸管理互换互认互助，推动银行结售汇网点向县域覆盖。缩短申报退税审核办理时限，创新海关监管制度和检验检疫制度。实现与全国各省区市通关一体化和通关作业无纸化。深化通关一体化改革，提升国际贸易"单一窗口"建设水平，推进智慧航空口岸建设，2019 年，贵州进口、出口整体通关时间分别为 11.48 小时、1.31 小时，比 2018 年分别压缩 87.07%、83.33%。开展跨境电子商务、保税航油业务，支持航空货运包机发展，加强多式联运国际大通道和贵阳中欧班列铁路场站建设，遵义综保区封关运行，构建"口岸+海关特殊监管区域+多式联运"新格局。

贵州把招商引资作为扩大开放的重要举措来抓。2018 年引进省外各类项目 7317 个，实际到位资金 10128 亿元，世界 500 强企业有 230 多家落户贵州；2019 年，全省引进省外重点产业项目 5210 个，合同投资额 7523 亿元，新增重点产业项目到位资金 5000 亿元。引进一批技术含量高、成长性好、引领性强的企业，不仅给贵州直接带来了先进的管理思想和生产技术，也通过技术转移和溢出效应带动集群、园区内企业的技术升级，同时推动和引领了省内供应商和相关配套企业的技术创新。

2020 年，深入推进内陆开放型经济试验区建设，主动融入"一带一路"等国家发展战略，积极参与西部陆海新通道建设，加强与

泛珠三角等区域合作，"1+8"国家级开放创新平台加快建设，贵阳国际邮件互换局投入运营，央企招商、民企招商等成效明显，数博会等重大开放平台影响力不断提升。

3. 坚定不移开展创新

创新力度不断加强，打造了贵阳高新技术产业开发区、遵义经济开发区、贵安新区等国家级"双创"示范基地，高新技术产业产值每年增长20%以上，科技进步贡献率提高47.4%。2017年，全省医药制造业增加值比上年增长21.3%；计算机、通信和其他电子设备制造业增加值增长86.3%；高技术制造业增加值348.86亿元，比上年增长39.9%，占规模以上工业增加值的比重为8.1%，比上年提高1.3个百分点，增速高于规模以上工业增加值30.4个百分点。

贵州持续加大科技投入，科技创新不断取得新突破。图为贵州制造的全地形履带式人员运输车"南极一号"

二、经济发展快起来：夯实全面小康的物质基础

2020年，贵州科学城建成，贵州拥有国家级重点实验室5家、国家级质检中心10家，区域创新能力上升到全国第20位。"中国天眼"投入运行，大国重器享誉世界。充满生机活力的贵州，正在成为创业、兴业、立业的发展热土。

通过改革、开放和创新，贵州的发展活力明显增强，提振了人民群众对未来的信心。统计结果表明，有36.4%的人民群众认为自己今后的生活水平会比现在好很多，46.8%的人民群众认为会比现在稍好一些。也就是说，有83.2%的人民群众对自己以后的生活充满信心，认为会比现在更好。（详见表2-6）

表2-6 人民群众对今后生活的预期

评价	频率	有效百分比（%）	累计百分比（%）
比现在好很多	1392	36.4	36.4
比现在稍好一些	1787	46.8	83.2
和现在差不多	260	6.8	90.0
比现在稍差一些	53	1.4	91.4
比现在差很多	36	0.9	92.3
说不清楚	294	7.7	100.0
合计	3822	100.0	

注：上表数据在计算时仅保留小数点后一位。

三、百姓精神富起来：丰富全面小康的人文底蕴

　　一个国家的强盛，离不开精神的支撑；一个民族的进步，有赖于文明的成长。习近平总书记曾指出："实现中国梦，是物质文明和精神文明均衡发展、相互促进的结果。没有文明的继承和发展，没有文化的弘扬和繁荣，就没有中国梦的实现。"贵州深入践行社

三、百姓精神富起来：丰富全面小康的人文底蕴

会主义核心价值观，推进多彩贵州文化产业发展，推进基本公共文化服务标准化、均等化，补齐发展短板，满足人民群众日益增长的精神文化需求，让百姓精神富起来，建设具有丰富人文底蕴的小康社会。

（一）锤炼核心价值观引领力，实现凝魂聚气

2014年2月，习近平总书记在中共中央政治局第十三次集体学习时强调："把培育和弘扬社会主义核心价值观作为凝魂聚气、强基固本的基础工程。"历史和实践都表明，构建具有强大感召力的核心价值观，关系社会和谐稳定，关系国家长治久安。

贵州着力丰富全面小康的人文底蕴，不断满足人民群众日益增长的精神文化需求。图为被誉为"高原明珠"的贵阳花溪公园

1. 通过打造载体培育和践行社会主义核心价值观

2014年2月24日,习近平在主持中共中央政治局第十三次集体学习时强调:"要切实把社会主义核心价值观贯穿于社会生活方方面面。要通过教育引导、舆论宣传、文化熏陶、实践养成、制度保障等,使社会主义核心价值观内化为人们的精神追求,外化为人们的自觉行动。"贵州通过抓好实践性强、群众参与度高的具体活动,丰富和拓展群众乐于参与、便于参与的道德实践载体,引导人们从一点一滴做起,从身边小事做起,自觉养成文明的生活方式和良好的行为习惯。

如共青团贵州省委发起开展了以"尽孝、感恩、反哺、回报"为理念的"春晖行动",激发了无数春晖使者热爱祖国、报效桑梓的热情,凝聚形成奋发有为、崇德向善的强大力量。"春晖行动"紧扣工业反哺农业、城市支持农村的方针,利用情感的杠杆调动民间资源和社会力量参与政府主导的扶贫工作,是统筹城乡一体化发展、建设社会主义美丽乡村的新举措。"春晖行动"不仅搭建了一个游子反哺家乡的平台,更重要的是,它使过去自发的反哺行为从分散变集中,从无序变有序,从隐性变显性,从感性变理性,从一项单纯的活动发展为一个有影响力的公益品牌。

2006年,"春晖行动"荣获全国首届社会公益示范工程"十佳示范项目"奖,连续3年获得团中央颁发的创新奖、工程奖。在2011年中共贵州省委十届十一次、十二次全会上,"春晖行动"分别被写入《中共贵州省委关于新形势下加强和创新社会管理工作的意见》和《中共贵州省委关于贯彻党的十七届六中全会精神 推动多民族文化大发展大繁荣的意见》。2011年7月,"春晖行动"荣获中国公益与慈善领域政府最高奖——中华慈善奖。2012年4月,

三、百姓精神富起来：丰富全面小康的人文底蕴

"春晖行动"荣膺全国"加强和创新社会管理"优秀案例。2014年1月，"春晖行动"荣获第七届中国地方政府创新奖。2011年5月8日至10日，习近平总书记莅临贵州考察指导工作，5月10日下午，习近平总书记在贵州省委主持召开座谈会，就贵州经济社会发展和党的建设发表了重要讲话。习近平总书记在讲话中对贵州"春晖行动"给予了充分肯定，指出："团省委发起倡导开展以'亲情、乡情、友情'为纽带、动员组织广大在外游子参加家乡扶贫开发的'春晖行动'，这些有特色、有实效的做法要继续坚持和推广。"

贵州把"道德讲堂"作为促进核心价值观融入大众生活的重要抓手，吸引群众广泛参与，推动社会主义核心价值观内化于心、外化于行，在实践中增强道德荣誉感和道德判断力。2014年，贵州省通过对远程教育站点、会议室、礼堂、传统文化设施等现有场所进行改造，共建成各类道德讲堂3万余个，涵盖了党政机关、学校、企业、农村、社区、窗口单位，举办各种形式的讲堂活动超过9万场，上千万干部群众走进道德讲堂，接受道德洗礼。2014年5月25日，贵州省"道德讲堂总堂"揭牌，孔学堂第一批"大德师""德师"受聘，这一"新兴"群体承担着道德讲堂宣讲的重要任务。

贵州各地还依托区域内少数民族文化资源，将道德讲堂延伸到鼓楼、风雨桥、学校课堂、楼亭院落、田间地头，打造"道德歌堂""民歌讲堂""山歌讲堂""民歌唱堂""流动讲堂""空中讲堂"等道德讲堂品牌，利用群众喜闻乐见的山歌、小品、快板、三句半等民族民间艺术表现形式开展活动，丰富基层群众精神文化生活，实现室内道德讲堂注重氛围营造洗涤心灵和室外道德讲堂接地气丰富宣讲成果的有效结合。

贵州积极推进并扎实做好新时代文明实践中心和县级融媒体中心建设，进一步强化思想政治引领、满足人民群众需求、密切党群干群关系、培育社会文明风尚等方面发挥重要作用。在新时代文明实践中心建设上，制定并出台《贵州省新时代文明实践中心工作建设标准（试行）》，全面深化拓展新时代文明实践中心建设，确保到2022年年底，按照有场所、有队伍、有活动、有项目、有机制的标准，各县（市、区）均建立新时代文明实践中心、所辖乡镇（街道）均建立新时代文明实践所、行政村（社区）均建立新时代文明实践站。在县级融媒体中心建设上，制定并出台《县级融媒体中心建设重点支持县工作方案》《贵州省县级融媒体中心建设指导手册》等系列政策文件，明确指导思想、目标任务及方法路径。召开全省县级媒体融合发展大会，采取定时间表、定路线图、定工作量、定责任人的"四定"措施，确保了在2019年3月底前88个县级融媒体中心全面保质保量建成挂牌。

2. 通过服务发展培育和践行社会主义核心价值观

社会主义核心价值观是我国社会及社会发展的精神动力。在全面深化改革、推动经济社会发展中要实现社会公平正义，体现爱国敬业、诚信友善，需要价值共识的弘扬。贵州从党委、政府及其领导机关的思想解放抓起，从党政机关领导干部的思想解放抓起，使领导干部在解放思想的过程中发挥表率和引导作用，敢于放弃部门既得利益，勇于推动改革深入发展。

要求干部做到眼界宽、思路宽、胸襟宽。眼界宽，就是要勤奋学习，完善知识结构，不断提高贯彻落实习近平新时代中国特色社会主义思想的知识水平和工作能力；就是要有宽阔的全局观念，跳

三、百姓精神富起来：丰富全面小康的人文底蕴

出贵州看贵州，从全国发展的大局来分析贵州发展的优势和劣势、有利因素和不利因素，紧紧围绕省委、省政府确定的目标任务和战略部署，选准突破口，抓住着力点，善于用发展的办法解决前进道路上的困难和问题。思路宽，就是要把新发展理念的要求转化成推动发展的思路，在坚持正确发展方向的前提下，勤于思考、善于谋划，创新发展思路，拓宽发展路径。胸襟宽，就是要有淡定平和的心态和容人的雅量，不图虚名、不争小利，讲党性、顾大局，坚持原则、维护团结。"功中想人劳，错时思己过"，多看别人的优点，多找自己的不足，谦虚谨慎、虚怀若谷；正确对待不同意见，从善意的批评中修正错误，珍视团结、维护团结。牢固树立全局观念和"一盘棋"思想，在区域发展中讲"合作"，大力培育"区域利他文化"，不断促进区域协调发展，为贵州加快发展营造良好的周边环境。

要求干部转变思想观念和思想方法，实现"六个转变"换脑筋。即由不够积极、不够主动向积极主动、激情干事转变，由囿于常规、不够灵活向敢于担当、灵活变通转变，由小富即安、小进即满向咬定目标、增比进位转变，由不注重抓工业化、城镇化向全力实施工业强省和城镇化带动战略转变，由坐等中央支持向主动"跑部"、积极争取转变，由工作拖拉、粗枝大叶向勤奋敬业、严谨细致转变。

贵州还积极鼓励创先争优，激发干事创业热情。时任省委书记栗战书指出，要下决心打破工作上"大家都差不多"、发展结果"你好我好大家好"、干部使用"干好干坏一个样"，鼓励创新、鼓励竞争、鼓励争先，奖勤罚懒，制造一种不平衡，促使全省各地在平衡与不平衡的转换中推进经济社会的发展、和谐、进步。

作者""最美基层高校毕业生""最美退役军人"选树活动。通过系列典型选树活动的开展，用榜样的力量激励人们崇德向善、见贤思齐。

（二）增强公共文化支撑力，实现文化惠民

党的十八大将公共文化服务体系建设作为全面建成小康社会的重要内容，明确了到 2020 年"公共文化服务体系基本建成"的战略目标。党的十八届五中全会进一步明确：推动基本公共文化服务体系标准化、均等化发展，引导文化资源向城乡基层倾斜。为保障人民群众基本文化权益，丰富群众文化生活，通过多年的努力，贵州省的公共文化服务体系建设取得重大进展。

1. 公共文化基础设施逐步完善

从 2000 年起，国家不断加大对贵州农村文化基础设施建设的支持力度，"两馆一站"（图书馆、文化馆、文化站）发展超过历史上的所有时期。2001 年至 2005 年，中央投入贵州 87 个县级"两馆"建设资金 4160 万元。省委、省政府连续 2 年把"两馆"建设列为当年要办的"十件实事"之一，推动文化基础设施建设。2006 年至 2010 年，国家文化部批准贵州新建乡镇文化站项目 1222 个，中央、省、地（市、州）合计投资 2136 万元。截至 2009 年底，全省建成乡镇文化站 1451 个，超额完成 229 个。2010 年，贵州使用中央精神文明办补助资金和省级配套资金，在贫困地区新建农村宣传文化活动中心 12 个。"两馆一站"建设，对促进贵州经济社会

三、百姓精神富起来：丰富全面小康的人文底蕴

持续快速发展、加快脱贫致富步伐，产生不可忽视的推动作用。通过实施农村公共文化基础设施建设，全省农村尤其是少数民族贫困地区的民族民间文化资源得到进一步发掘、保护和传承。

随着时代的发展，贵州从健全制度体系、加大资金投入、加强队伍建设、开展试点探索等方面入手，不断加大公共文化服务工作保障力度。据统计，2015年至2019年，省级财政分别安排专项资金1.8亿元、2.1亿元、2.5亿元、2.04亿元、2.2亿元支持全省公共文化服务体系建设，主要用于继续推进公益性文化体育设施免费开放、广播电视村村通组组通、文化信息资源共享、乡镇文化站及民族村镇建设、公共数字文化建设等方面。推动构建完善开放多元

贵州文化事业和文化产业蓬勃发展，公共文化服务体系不断健全。图为贵州省图书馆北馆和贵阳市少年儿童图书馆

的公共文化服务供给体系，持续提升公共图书馆、文化馆、乡镇（街道）综合文化站、村（社区）综合性文化服务中心服务效能。一系列城市文化广场、社区文化活动中心、活动室的建成，为群众就近获得公共文化服务提供了便利。截至2019年底，全省有省级图书馆、文化馆、美术馆各1个，市（州）级公共图书馆10个、文化馆9个、美术馆3个，县级公共图书馆88个、文化馆89个，乡（镇）综合文化站1404个，村级综合性文化服务中心16859个，各级"文化信息资源共享工程"服务点20441个。行政村农家书屋点17173个，实现行政村全覆盖。全省共实施建设了326个乡镇农民体育健身工程、3440个村级农民体育健身工程、1137套全民健身路径工程，以及36个老年体育活动中心。乡镇学校少年宫项目实现全省乡镇一级全覆盖。通过实施多彩贵州"广电云"村村通工程，累计敷设通村、通组光缆干线和分配网光缆建设33.65万公里。2020年9月，贵州正式实施《贵州省公共文化服务保障条例》，从法治层面为公共文化服务体系建设保驾护航。

贵州高质量推进民族地区公共文化服务体系建设，丰富少数民族群众文化生活，促进民族地区文化建设与经济社会协调发展，为促进各民族共同团结奋斗共同繁荣发展提供了有力保障。省、市、县、乡、村五级民族地区公共文化网络建设初步形成。2021年，全省民族地区有州级公共图书馆3个、文化馆3个，县级公共图书馆36个、文化馆36个，乡镇综合文化站545个，村级综合性文化服务中心5623个。民族地区公共文化人才队伍在量上增加，在质上提升。每个民族乡（镇）综合文化站（社区文化中心）编制配备不少于2名，每个民族行政村（社区）设置岗位不少于1个。

贵州省社会科学院此前开展的调查统计表明（如表3-1所

三、百姓精神富起来：丰富全面小康的人文底蕴

示），82.3%的人民群众认可当地的文化基础设施建设情况，其中，14.7%的人民群众明确表示满意，25.9%的人民群众表示较满意，也就是说，有40.6%的人民群众在文化基础设施方面是有获得感的，他们享受到了文化基础设施发展带来的便利和好处。

表3-1 人民群众对公共文化服务设施的满意度

评价	频率	有效百分比（%）	累计百分比（%）
满意	561	14.7	14.7
较满意	992	25.9	40.6
一般	1595	41.7	82.3
不太满意	389	10.2	92.5
不满意	134	3.5	96.0
说不清楚	154	4.0	100.0
合计	3825	100.0	

注：上表数据在计算时仅保留小数点后一位。

从公共文化服务的角度看，近年来，贵州全省各地结合"多彩贵州"主题文化活动和"四在农家·美丽乡村"创建行动计划，广泛开展了丰富多彩的文化活动。以政府采购、项目补贴的方式实施农村公益数字电影放映工程等形式开展基础公益性服务；以定向资助、贷款贴息、税收减免等政策措施推动社会力量参与公共文化服务；鼓励和扶持成立各类业余文艺团队，发展文化志愿者队伍，初步建立起了省、市、县文化人才网络；同时免费开放公共文化服务场馆。通过多措并举，形成了多种形式供给的公共文化服务格局，

使贵州的公共文化服务保障能力全面提高。

民族地区充分利用当地传统节日，最大限度地为民族地区群众开展各类文化活动，丰富当地群众的精神文化生活。如黔东南苗族侗族自治州举办中国·凯里原生态文化旅游节、雷山苗年、台江姊妹节等一批重大民族民间节庆活动。黔南布依族苗族自治州积极实施"幸福进万家·文化精品乡村行"文化惠民工程，以"政府主导、社会参与、文化惠民"为原则，无偿给基层民众提供优质文化产品，切实保障广大人民群众享受公共文化的权益。黔西南布依族苗族自治州成功推出"山水长卷·水墨金州"文化名片，坚持开展"八月八苗族风情节""布依族六月六风情节"等民族节日活动。丰富多彩的民族民间文化活动适应民族群众对公共服务的新期待、新要求，不断满足少数民族群众对美好生活的向往。

统计结果显示（详见表3-2），13.7%的人民群众觉得本地的公共文化服务很好，25.8%的人民群众认为较好，也就是说，39.4%的人民群众有明确的公共文化服务获得感。另外，有46%的人民群众认可当地的公共文化服务。

表3-2 人民群众对公共文化服务的评价

评价	频率	有效百分比（%）	累计百分比（%）
很好	522	13.7	13.7
较好	987	25.8	39.4
一般	1758	46.0	85.5
较差	366	9.6	95.1
很差	102	2.7	97.8

三、百姓精神富起来：丰富全面小康的人文底蕴

续表

评价	频率	有效百分比（%）	累计百分比（%）
说不清楚	89	2.3	100.1
合计	3824	100.1	

注：上表数据在计算时仅保留小数点后一位。

2. 广播电视公共服务体系初步建成

一是实施文化信息资源共享工程，让农民共享优秀文化。贵州作为我国"欠发达，欠开发"的省份之一，受经济落后、文化设施差及人民素质普遍较低等因素的影响，长期以来农村文化信息资源匮乏。这一方面制约了农民精神文化生活的提高，另一方面，信息资源的闭塞也制约着农民经济的进一步发展。文化信息资源共享工程（以下简称"共享工程"）的实施对于迅速扭转贵州信息匮乏和经济、文化落后的状况起到了显著作用。

共享工程是2002年开始开展试点工作的。2005年6月，国务委员陈至立视察贵州时，对文化信息资源共享工程非常重视，提出由中央财政专门补助300万元对共享工程贵州省级分中心进行建设，并明确批示不足部分由省财政负责。这为贵州文化信息资源共享工程的发展奠定了基础。到2011年，贵州省文化信息资源共享工程服务网络体系基本形成。

为了使共享工程的成果利用最大化，让更多的基层群众得到实惠，把共享工程建成跨部门、跨行业的大文化工程，遵义市实现了共享工程"三结合"目标，即共享工程与现有的广播电视网络结合、与党员干部现代远程教育网络结合、与农村中小学现代远程教育网络结合，把文化服务送到群众身边，展示了共享工程受众面广、社

全面建成小康社会 贵州全景录

会效益显著的优越性,充分发挥了共享工程在贵州社会文化教育中的突出作用。据统计,2006年遵义市共享工程各基层中心利用多种形式为群众放映了影片200多场次,接待农民读者15万人次,发放资料2万多份,深受群众的好评。一位农民群众这样说道:"共享工程的实施,真正给人民群众带来了实惠,现在群众重视科学知识的多了,盲目生产的少了;学习知识的多了,打麻将的少了。"

二是推进农民文化家园建设,给农民一个有文化的"家"。"农民文化家园"是农村多种文化资源和设施建设的总集合,是集思想

贵州大力实施文化惠民工程,努力促进城乡公共文化服务均等化。图为铜仁市碧江区农家书屋

78

三、百姓精神富起来：丰富全面小康的人文底蕴

教育、科技培训、文体活动、休闲娱乐为一体的综合性、多功能、开放性的村级文化设施建设体系。主要包括村级组织活动室、村图书馆、文化活动室、电影"2131工程"、远程教育接受点、文化小广场、小戏台、宣传栏、农家书屋建设等多种要素。目的是集合多种资源，形成综合效应，更好地为培养新农民、建设新农村提供精神动力和智力支持。

2006年到2010年，贵州从省农村文化建设专项资金中，按照缺什么补什么的原则，每个村投入3万元，5年共投入3000万元，在1000个村实施"农民文化家园"千村建设推进计划。2006年选择160个村启动实施，以后按每年基数递增20%。经过不懈努力，贵州农村远程教育、村级组织活动场所、农村电影以及广播电视"村村通"、农家书屋等项目初具规模，集多种文化设施于一体的"农民文化家园"，已成为丰富农民文化生活的有效载体。各地将"农民文化家园"项目建设与打造精品旅游线路、发展旅游产业紧密结合，还打造了一批民族民间文化精品，广大群众在项目建成后经济收入大幅提升。

如开阳县坚持把农村文化设施建设、队伍建设和农家书屋建设作为发展农村文化的突破口，通过加快"四有"（即户有"村村通"电视、组有农家书屋、寨有调频广播、村有文体活动场所）农民文化家园建设速度，整合广播电视村村通工程、电影放映"2131工程"、电视进万家工程、万村书库工程、远程教育工程等，共投入3500万元建成了县体育馆、文化馆、图书馆，16个乡镇精神文明活动中心，108个村文化活动室，160个村组远程教育卫星接收站及小戏台、文化小广场等300余处农村文体活动场所。此外，该县还投入1800余万元建成新农村示范点120个，使各个示范点的休

闲凉亭、活动小广场、文化长廊、宣传栏、远教播放点、调频广播、村村通工程等设施得到进一步完善，拓展了农村文化的领域，为农民开展文化活动提供了便利的场所。

同时，开阳县还在"农民文化家园"建设过程中整合形式多样的民族民间文化资源，将原来散落在乡野的"文化珍珠"串接成一条闪耀着原生态光芒的"璀璨项链"，使农民文化朝着脉络清晰、多元化的发展方向走去。为使地方文化继续绽放，近年来开阳县加强了对文艺队伍、文化人才、文学作者的培养。依托本土的乡村文化资源，该县对民俗民间文艺队伍进行整合，相继成立了开阳舞蹈协会、民间乐队、冯三镇女子舞龙队、高寨民族民俗文化表演队等30余支业余文艺队伍，并每年定期举办龙花灯艺术节，布依族"六月六"歌会，苗族斗牛节、杀鱼节等活动，为民族民间文化搭建了登台亮相的舞台。目前，在该县开展的非物质文化遗产搜集、整理和申报工作中，苗族斗牛节等17个民族民间文化项目已被列入该县第一批县级非物质文化遗产名录，"六月六"布依歌会等4个项目被推荐进入市级非物质文化遗产名录。

文化无所不在，建设农民文化家园，需要进行全方位立体型的工程打造。基于这个思路，开阳县除扎实开展"四进农家"（即文化、科技、法律、政策进农家）、"月月有主题，周周有活动"、"三个一"工程（即开展"日练一页字、周读一本书、月写一篇文"活动）、"农民文化周活动"等活动外，2007年初，开阳县委、县政府专门出台实施意见，提出要采取"政府补助、部门帮扶、企业捐助、群众自助"的多元投入体制筹措农民文化家园建设资金，并要求县各有关部门要通力协作、密切配合，全力支持农民文化家园建设。

三、百姓精神富起来：丰富全面小康的人文底蕴

三是建设农村广播电视村村通工程，拉近农民与外界的距离。贵州省委、省政府坚持从有限的财力中挤出资金，在合理规划的基础上，从人口较为集中的乡镇所在地入手，开始农村广播电视收转站的建设，逐年推进。从1998年起，各级党委、政府都将"村村通"广播电视纳入当年要办的"十件实事"，采取中央、省、地、县四级配套的办法，确保建设资金，进一步加大工作力度。"十一五"期间，贵州完成103808个20户以上已通电的"盲村"通广播电视的建设任务，2010年10月底前，安装农村直播卫星地面接收站近240万座，全面完成"十一五"贵州广播电视村村通建设任务，比国家要求的时间提前2个月。农村广播电视节目无线覆盖工程是"村村通"工程的延伸部分，贵州完成95座广播电视无线发射台站的更新改造工程，提前完成"村村通"项目的农村广播电视节目无线覆盖工程任务。"十一五"期间，中央在贵州省共投入"村村通"建设资金6.36亿元，贵州省投入3.62亿元，共计投入建设资金超过9.98亿元，这是新中国成立以来中央、贵州省分别对农村广播电视投入最多的一项重大工程。

贵州还积极探索广播电视村村通维护体系的长效机制，涌现出"贵阳模式""毕节模式""凤冈模式"，建立了农村广播电视村村通的长效维护机制，受到中宣部、广电总局等中央和国家部委的肯定和表彰。

2017年，贵州计划在"广电云"村村通的基础上，实现"广电云"户户用，新增用户120万户，新建300个乡镇广播影视综合服务站。除了为受益农户提供至少85套、力争130套以上数字广播电视节目外，还将在"广电云"中融入信息化应用产品，提供农村电子商务、视频会议、远程医疗、应急广播、智能监控等拓展服务，着力

打造综合性的公共服务平台。

从"村村通"到"户户用",从"看"电视到"用"电视,一个"用"字体现的是"广电云"从农村行政区域覆盖向精准化入户转变,为推进农业农村现代化建设,巩固农村宣传思想文化阵地,助推全省脱贫攻坚、同步全面小康发挥着积极作用。作为一项政治工程、民生工程、扶贫工程、大数据工程,多彩贵州"广电云"这朵云向千家万户送去的不只是广播电视节目,更是让乡村打开山门,让更多村民打开视界,加快了贵州农村信息化和基本服务均等化进程。

3. 非物质文化遗产保护传承和文物保护有效推进

贵州是我国最早出台民族民间文化保护立法的省份之一,2002年2月,贵州出台了《贵州省民族民间文化保护条例》;2011年6月1日《中华人民共和国非物质文化遗产法》施行后,2012年3月30日,贵州省第十一届人民代表大会常务委员会第二十七次会议通过了《贵州省非物质文化遗产保护条例》。在市州层面,相关保护法规也在逐渐建立,如黔东南苗族侗族自治州先后出台了《黔东南州州级非物质文化遗产项目代表性传承人认定与管理办法》《黔东南州非物质文化遗产代表性传承人年度考核办法(试行)》《黔东南州州级非物质文化遗产项目代表性传承人群认定与管理办法(试行)》《黔东南州传统手工技艺助推脱贫培训计划(2016—2020年)》《关于进一步加强全州非物质文化遗产保护与传承工作的实施意见》《黔东南州非物质文化遗产项目及代表性传承人数字化管理体例规范》《黔东南州非物质文化遗产档案管理实施细则》《黔东南州非遗传承人群普及培训管理八条》等,还

三、百姓精神富起来：丰富全面小康的人文底蕴

先后颁布出台《黔东南苗族侗族自治州民族文化村寨保护条例》《黔东南苗族侗族自治州生态环境保护条例》《黔东南苗族侗族自治州苗医药侗医药发展条例》《关于守住两条底线用好两个宝贝打造国内外知名民族文化旅游目的地的决定》等地方性法规和政策。非物质文化遗产法规的建立健全，为贵州的非物质文化遗产抢救、保护和发展奠定了坚实的制度基础和行动保障。

2014年贵州省委办公厅、省政府办公厅联合下发《贵州省非

贵州历史底蕴深厚，文化多姿多彩。图为人类非物质文化遗产——侗族大歌千人合唱

物质文化遗产保护发展规划（2014—2020年）》，明确在原有省级财政资金的基础上新增非遗保护工作专项经费1000万元；同年启动了贵州省非物质文化遗产博览馆建设，该馆于2015年7月24日建成开馆，并全年免费向市民开放，这是我国建成最早的省级综合类非遗馆。2017年7月，贵州省文化厅、省经信委、省财政厅联合印发《贵州传统工艺振兴计划》，不断加大对非物质文化遗产保护的资金和政策支持力度，整合传承群体、高校和企业的资源，搭建合作平台，促进传统工艺振兴，带动贫困人口脱贫。

2013年贵州省被列为全国首批非遗数字化保护工作试点省，2013年至2014年，贵州省对两批国家级非遗项目非遗数字化实施记录工程，以图、文、音、视条目式记录开展部分国家级非遗项目的数字化记录，通过国家对贵州数字化记录的验收，中国非遗十大类数字化采集指导意见由贵州向全国正式推广；从2015年起至今开展国家级非遗传承人抢救性记录工程，通过传承人口述片、项目实践片、传承教学片和综述片等，对传承人进行全程记录，贵州又取得优异成绩；贵州还在全国率先建立了"贵州省非物质文化遗产数字化管理系统"，2017年管理系统通过贵阳市试点运行，并在全省整体实施、稳步推进。

至"十三五"期末，全省成功申报人类非物质文化遗产代表作名录2项、国家级名录85项140处、省级名录628项1026处；建立了57个省级非物质文化遗产生产性保护示范基地；拥有国家级非遗项目代表性传承人96人、省级402人。实施传统手工艺传承人"十百千万"培训工程，培训各类传承人7万余人次。成功申报黔东南国家级民族文化生态保护实验区，黔东南苗族侗族和黔南水

三、百姓精神富起来：丰富全面小康的人文底蕴

贵州大力开展劳动技能培训，持续巩固拓展脱贫攻坚成果。图为黔南州龙里县针对农村妇女开展刺绣技艺培训

族文化生态保护实验区已列为贵州省级文化生态保护实验区，扎实推进黔西南布依族和黔西北彝族文化生态保护实验区申报工作。大力开展非遗扶贫，探索"培训+订单+企业"合作模式，认定全省第一批非遗扶贫就业工坊173家，雷山县入选全国首批非遗扶贫重点支持地区。举办多彩贵州非遗购物节暨非遗周末聚，推动非遗产品销售，推动传统民族手工艺项目与文化旅游融合发展，发展培育民族传统手工业274项，助力脱贫攻坚。

扎实推进《贵州省文物保护条例》修订工作，颁布实施《遵义市海龙屯保护条例》《毕节市织金古城保护条例》。基本摸清全省文物资源家底，文物保护对象和范围进一步拓展。至"十三五"期末，

全面建成小康社会 贵州全景录

全省登记不可移动文物已达 14000 多处，可移动文物约 40 万件/套。有世界文化遗产 1 处，中国历史文化名城 2 座；全国重点文物保护单位 81 处，省级文物保护单位 654 处，市县级文物保护单位 3319 处；博物馆 168 家；中国少数民族特色村寨 312 个，贵州省少数民族特色村寨 1328 个，中国传统村落 724 个。

4. 高质量推进长征国家文化公园贵州重点建设区工作

作为长征途中活动时间跨度长、发生重大事件多、活动范围广的省份之一，贵州因丰富而独特的长征文化资源，2019 年被确定为长征国家文化公园重点建设区之一。省委、省政府按照中央的统筹安排部署，高位推动长征国家文化公园贵州重点建设区工作。2019 年 10 月，制定出台了《长征国家文化公园贵州重点建设区工作方案》，立足长征文物和文化资源特征，确立了"一核、一线、两翼、多点"的长征国家文化公园总体布局，即以遵义会议会址及周边文物为核心，以

三、百姓精神富起来：丰富全面小康的人文底蕴

贵州大力做好民族特色村寨保护与发展工作。图为安顺市镇宁自治县高荡村布依古寨

中央红军长征线路为主线，以黔大毕和黔东的红二、红六军团长征遗迹为两翼，纳入其他具有代表性的展示点，明确"以线串点扩面"工作路径，突出长征"征程"特点，通过长征重大历史事件，串联建设项目点位，促进文旅深度融合。

省委、省政府主要领导亲自挂帅，组建长征国家文化公园建设领导小组。2020年6月，领导小组明确了"内容建设、规划指导、政策支持、资金保障、数字再现、工程实施"六大板块工作任务，对应组建六个工作专班，从"注重内容建设、强化规划指导、给予政策支持、加强资金保障、创新展示方式、加快工程建设"等方面，明确职能分工，加强工作统筹、任务对接、部门协作，分层分批推进具体工作。贵州遵义会议会址周边环境整治及展陈提升、长征纪念小镇建设、长征数字科技艺术馆、"重走长征路"研培体验工程等文旅融合项目进展有序。启动29条红军路和3个"红军村"保护建设工作，还举办了7轮"贵州省2020年重走长征路"系列主题文旅活动，推出了贵州省红色文化旅游十大精品线路、首批10条最美红军线路、首批10个最美红军村落等，为长征国家文化公园建设和旅游市场复苏营造了良好氛围。

2021年7月，全国首部涉及长征国家文化公园的地方性法规《贵州省长征国家文化公园条例》出台。2021年底，《长征国家文化公园（贵州段）建设保护规划》通过国家文化公园建设工作领导小组办公室审批。新国发2号文件明确，要"围绕推进长征国家文化公园建设，加强贵州红色文化资源保护传承弘扬，实施中国工农红军长征纪念馆等重大项目，打造一批红色旅游精品线路。"长征国家文化公园贵州重点建设区的政策支撑和工作机制不断完善，各项工作和项目建设有序推进。长征国家文化公园贵州重点区的建设，

三、百姓精神富起来：丰富全面小康的人文底蕴

有效地弘扬了革命精神、传承了红色基因，对助力乡村振兴、促进老区发展具有深远意义。

（三）提升文化产业竞争力，实现文化利民

贵州原生态文化资源富集。据统计，贵州全省世居少数民族17个，"第七次全国人口普查"数据显示少数民族人口数量约1405万，占全省人口的36.44%。在广大农村，少数民族文化以活态的形式保存下来，与少数民族的分布格局相对应，使原生态文化呈现出群星灿烂的局面。另外，全省有71处全国重点文物保护单位，342处省级文物保护单位，省、市、县三级文物保护体系趋于完备。根据第三次全国文物普查结果，贵州新发现超过1万处文物古迹和新型文化遗产。全省有426个村寨列入中国传统村落保护名录，62个村寨入选中国少数民族特色村寨名录，入选数量分别居全国第二位和第一位。绚丽多姿的民族歌舞、盛大热烈的民间节庆、巧夺天工的民俗制品，成就了贵州"歌舞天堂、节日海洋、文化千岛"的美誉，孕育了"观音洞文化""夜郎文化""阳明文化""土司文化""屯堡文化""沙滩文化"……构筑起多彩贵州令人景仰的山地文明大厦。

贵州以打造"多彩贵州"系列品牌为载体，深度挖掘、提炼、展示原生态文化、非物质文化遗产等，把蕴藏在贵州土地上的原生态元素、符号、故事搬上舞台、屏幕、报刊、网络。而从各类"多彩贵州"系列文化活动中涌现出的大批作品和人才，引领着贵州文化的繁荣发展，丰富着贵州广大人民群众的精神文化生活。以"多

89

贵州大力实施文艺作品质量提升工程，文艺精品持续涌现。图为黔剧《天渠之水万年长》剧照

彩贵州"为核心的系列歌唱大赛、舞蹈大赛、能工巧匠大赛推陈出新，一方面立竿见影地改善了贵州文艺的生态环境，另一方面作为"声誉资本"担当起了塑造贵州新形象的责任，成为提升贵州文化自觉、文化自信的有力抓手。与此同时，"多彩贵州"已从文艺领域扩大到社会的各个层面，品牌的无形资产赋予了贵州文化产业新的活力，使得近年来贵州文化产业迅速发展。2011年至2014年，贵州文化产业的年均增幅超过30%。至"十三五"期末，全省文化产业法人单位26560家，从业人员204813人，资产5450.71亿元，实现营业收入725.70亿元，产业发展特色更鲜明、布局更合

三、百姓精神富起来：丰富全面小康的人文底蕴

理、效能更显著。谋划实施131个省级重点文化产业项目，完成投资近1000亿元。国家文化大数据体系建设等一批国家级重大文化产业项目落地贵州。启动长征数字科技艺术馆、"贵银"文创公共服务平台、多彩贵州文化艺术中心等一批省级重点项目建设。创新实施文化产业扶贫"千村计划"，实现全省14个深度贫困县和20个极贫乡镇所在县全覆盖，得到中央宣传部、中央文改办充分肯定。借力深圳文博会、北京文博会等重要展会平台，开展贵州文化产品展示展销和重大项目招商引资，推动文化产品走出去、文化企业引进来，多彩贵州文化品牌传播力和影响力不断提升。

以打造文艺精品为切入点，出台《贵州省文艺精品扶持奖励办法》，激励文艺精品不断涌现。"十三五"期间，推出《天渠》《湄水长歌》《云上红梅》《一路芬芳》《红梅赞》《吉他》《黔韵华章》《多彩和鸣·高原之声》《高原·听见贵州》《射背牌》《伟大的转折》《红色记忆·王若飞》《阿西里西·坪上花开》《守望》《木楼古歌》《山水八音》《天穹的歌谣》《这山没得那山高》等一批优秀大型舞台作品。黔剧《天渠》荣获第十二届中国艺术节文华奖提名，《侗歌侗寨侗家人》《巫卡调恰——外婆的歌谣》分别获第五届全国少数民族文艺会演最佳音乐创作奖、最佳导演奖。优秀京剧传统剧目《铁弓缘》《女杀四门》《战洪州》《红鬃烈马》入选"中国京剧像音像集萃工程"。深入实施新时代广播电视精品工程，一批思想精深、艺术精湛、制作精良的电视剧、纪录片、广播剧在中央媒体播出，社会反响良好。《伟大的转折》《二十四道拐》《花繁叶茂》《绿水青山尽开颜》《连心湖》等文艺作品获飞天奖、金鹰奖、广播电视大奖，《我是188万分之一》等新闻作品获中国新闻奖，《丁宝桢》《大山里的搬迁》得到国家广播电视总局扶持，《红帆船》《与

梦想合拍》等节目栏目被国家广播电视总局评为优秀节目和创新创优节目，《星火云雾街》《聪明的甲金》获贵州省精神文明建设"五个一工程"奖。

　　以贵州出版集团为代表的出版业蓬勃发展。相关数据显示，2019年，贵州出版集团总体经济规模在全国出版行业排名从2017年的第21位上升到第14位，上升了7位；资产总额116亿元，排名上升到第12位，进入全国出版行业"百亿"阵营；统编三科教材印制质量排名第10位，上升了12位。主题出版、精品出版、数字出版稳步推进。为系统整理贵州建省600年来的历史文化文献资源，形成本地古籍文献经典集成，贵州人民出版社策划出版了《贵州文库》，该项目自2016年3月启动以来，至2021年3月完成一期，共计出版图书106种414册，有效推进了贵州优秀文化的广泛传播，推动多民族文化大发展大繁荣。

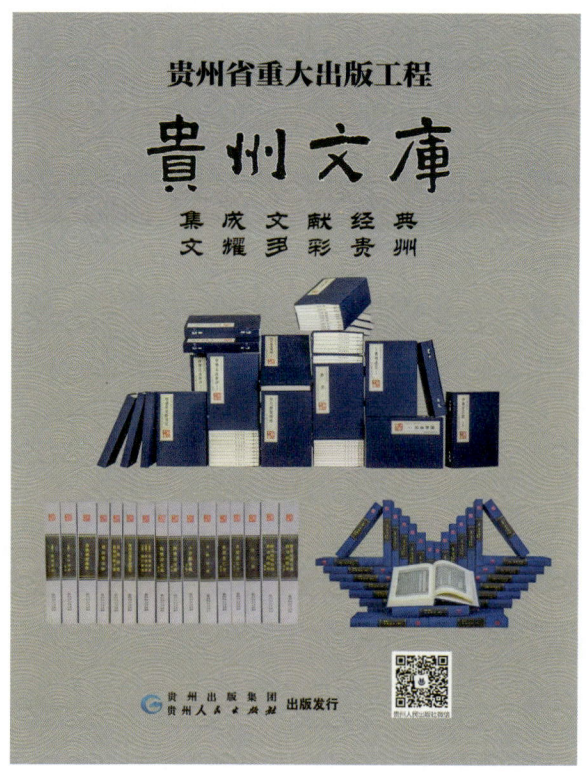

　　成功举办4届"多彩贵州文化艺术节"，设计制作多彩贵州彩车赴北京参加中华人民共

三、百姓精神富起来：丰富全面小康的人文底蕴

和国成立70周年庆祝活动，成功举办2018年中央电视台春节联欢晚会贵州分会场演出（黎平肇兴）和中外文化体育名人对话生态文明建设讲演会，以及建军90周年、抗日战争胜利70周年、新中国成立70周年大型成就展等系列重大活动。一系列承载淳朴古风和时代神韵的作品问世，彰显出贵州深刻的文化力量。

四、贵州大地绿起来：厚植全面小康的生态底色

"小康全面不全面，生态环境质量是关键。"能否解决生态破坏严重、生态灾害频繁、生态压力巨大等问题，直接关系着人民群众对全面小康的认可度和满意度。近年来，贵州省坚决贯彻落实习近平总书记的重要指示精神和党中央决策部署，以建设国家生态文明试验区为统揽，坚持生态优先、绿色发展，牢固和践

四、贵州大地绿起来：厚植全面小康的生态底色

行"绿水青山就是金山银山"发展理念，努力实现生态空间山清水秀、生活空间宜居适度、生产空间集约高效、生态旅游高质发展，厚植起全面小康的生态底色。

（一）生态空间山清水秀

习近平总书记反复强调："大自然孕育抚养了人类，人类应该以自然为根，尊重自然、顺应自然、保护自然。自然遭到系统性破坏，人类生存发展就成了无源之水、无本之木。我们要像保护眼睛一样保护自然和生态环境，推动形成人与自然和谐共生新格局。"贵州以推进生态文明试验区建设为抓手，探索构建以改善生态环境质量为导向的环境治理体系和生态保护机制，解决好全省人民群众

贵州深入实施大生态战略行动，牢固树立"绿水青山就是金山银山"理念。图为六盘水市乌蒙大草原晨韵

感受最直观、反映最强烈的相关生态环境问题，建设天更蓝、地更绿、水更净的美丽家园，让人民群众共建共享更多绿色福祉，实现绿色富省、绿色惠民。

1. 加强绿色生态建设

贵州以石漠化综合治理工程为主要抓手，通过整合各类重点生态项目资金，实施封山育林、人工造林、草地建设等林草植被恢复措施，全省森林覆盖率、林草植被综合覆盖度逐渐提高，植被结构得到改善，野生动物种群数量明显增多，生物多样性有效恢复，植被涵养水源、固碳释氧、净化空气等生态功能显著增强。

"十三五"以来，贵州累计完成石漠化治理面积5276平方公里。2018年底国家林草局发布的全国第三次石漠化监测成果显示，贵州石漠化土地总面积247万公顷，比2005年第一次国家石漠化监测的面积净减少84.59万公顷，面积减少率达25.56%，是全国岩溶地区石漠化面积减少数量最多、减少幅度最大的省份。

自2015年起，省、市、县、乡、村五级干部带头义务植树，至2019年全省累计5372.25万人次参与，累计完成义务植树22144万株，贵州森林覆盖率以每年2%的速度持续增长。2018年，贵州省政府办公厅印发《生态优先绿色发展森林扩面提质增效三年行动计划（2018—2020年）》，提出到2020年，森林覆盖率达到60%。围绕这一目标，贵州在持续开展大规模国土绿化的基础上，建立健全完整的森林资源管护网络，严格执行限额采伐制度，有效保护森林资源。同时培育壮大林特产业，优化林木结构，大力发展林下经济，推动绿水青山转化为金山银山。"十三五"期间，贵州累计完成营造林面积2988万亩，森林覆盖率从2015年的50%提

四、贵州大地绿起来：厚植全面小康的生态底色

高到 2020 年的 61%，草原综合植被盖度达到 88%，村庄绿化覆盖率达到 43.23%，森林蓄积量达到 5.7 亿立方米。2020 年，全省林业总产值达 3378 亿元。

2. 构建全流域监督体系

贵州地处长江和珠江两大流域上游交错地带，流域面积 115747 平方公里，占全省面积的 65.7%。贵州河流多为山区雨源型河流，数量多、落差大，流域面积 50 平方公里以上的河流有 1059 条。水生态保护和治理是贵州绿色发展的根基，更是长江和珠江生态屏障的核心。在生态文明试验区建设中，贵州全面建立省、市、县、乡、村五级河长体系，构建了全流域监督体系。

2009 年，贵州开始在三岔河流域实施环境保护河长制，成为西部地区首个试行河长制的省份；2012 年，将环境保护河长制推行至乌江、北盘江、红水河、赤水河等八大水系；2017 年底，河长制向其他水域进一步拓展，实现河道、湖泊、水库等各类水域全覆盖。贵州通过强化组织领导，压实工作责任，创新工作机制，加强宣传和社会监督，加强协调配合，严格督查考核，使河长制得到实质性的落实，为水生态保护奠定了坚实的制度基础。

2016 年 9 月 30 日，贵州省人大常委会表决通过《关于设立"贵州生态日"的决定》，决定将每年 6 月 18 日设立为"贵州生态日"。每年的"贵州生态日"前后，都以"保护母亲河，河长大巡河"为主题开展大规模河长集中巡河活动。生态日开展河长大巡河已成为贵州深入实施大生态战略行动、加快国家生态文明试验区建设的标志性事件。在大巡河活动的带动下，各级河长认真巡河履职，切实做到"政治站位有高度、工作部署有力度、巡查整治有深度"，推

动了"生态优先、绿色发展""关爱河湖健康生命"等理念深入人心，营造了全社会共同参与管理保护河湖的良好氛围。

围绕河长制的贯彻落实，贵州重点通过四项工作做好水文章：一是管好水，集中精力抓好河湖管理保护规划统筹，落实最严格水资源管理制度，加强水域岸线挖砂采石管理；二是护好水，集中精力加强江河源头保护，加强河湖日常保护，运用大数据技术加强河湖保护；三是治好水，集中精力加强水体污染防治，扎实推进"双十工程"和磷化工企业"以渣定产"，强化水环境综合治理，严厉

贵州持续加强河湖保护和治理,厚植高质量发展的生态优势。图为三岔河风光

打击涉水违法行为;四是用好水,集中精力发挥河湖的旅游景观功能和保障人民群众饮水安全功能,积极探索水权制度改革、水权交易试点。贵州五级河长切实把政治责任扛起来,真正做到守河有责、守河尽责,确保全省水体永远安全、清洁、健康。

在深入实施河长制的同时,贵州不断加强环境监测监管能力建设。"十三五"以来,全省以省财政为主各级共投入18.89亿元,开展县级以上监测站标准化建设,省内已布设千人以上集中式饮用水水源地监测点位1469个、省级以上地表水水质自动监测站172

个，在建县级集中式饮用水水源地自动监测站 108 个；建成省级以上空气自动监测站 201 个；布设土壤监测点位 940 个；建成城市区域环境噪声点位 2887 个，形成了较为完善的空气、水、土壤、噪声监测基础网络。积极利用大数据手段加强环境监督，初步建成生态环境大数据平台，对环境质量管理、污染源监管信息、环境风险源管理、建设项目审批等业务，开展情况实时分析和可视化动态展现。

3. 完善环境法制保护

2013 年 5 月 24 日，习近平总书记在十八届中央政治局第六次集体学习时指出："对那些不顾生态环境盲目决策、造成严重后果的人，必须追究其责任，而且应该终身追究。真抓就要这样抓，否则就会流于形式。"贵州严守绿色屏障的红线和底线，让全省各级干部、广大群众在生态保护和生态建设上都有明确的责任，让每一个破坏生态的行为都有相应的处罚措施和追责办法。

一是加强绿色法治保障体系建设。最高人民法院出台《关于支持贵州省加快建设国家生态文明试验区重大部署的意见》，为贵州司法服务保障生态文明建设提供了全方位的支持。在省级层面，贵州全力打造生态保护司法阵地，生态文明法治建设在全国实现多个率先：率先在全国出台省、市两级层面的生态文明建设地方性法规《贵州省生态文明建设促进条例》和《贵阳市促进生态文明建设条例》，并配套出台 40 余部法规；率先在全国设置环保法庭及成立生态环境保护检察机构，推动公检法配套的环境资源保护专门司法机构实现全覆盖；率先实施生态司法修复，挂牌落成全国首个省级层面生态检察修复示范基地；率先在全国开展由检察机关提起环境

四、贵州大地绿起来：厚植全面小康的生态底色

行政公益诉讼，开展公益诉讼试点期间，全省提起公益诉讼案件数、发现线索数、诉前检察建议数、法院审结数等均位列全国第一，如金沙县检察院诉金沙县环保局案作为全国首例检察机关行政公益诉讼案件，被评为2014年全国十大法律监督案件，《人民日报》评价此案具有"破冰"意义，开启了检察机关行政公益诉讼先河。

加强区域间合作，与重庆、四川、云南联合开展赤水河乌江"两河"流域跨区域生态环境保护工作，建立了日常工作联络、信息资源共享、案件办理、生态修复、业务交流和新闻宣传6项司法协作机制，共同筑牢长江上游生态环境保护司法屏障。四省（市）三级检察机关联合同级河长办开展"三级两长护河大巡察"活动，

加强生态环境保护区域合作，贵州与四川、云南共同立法保护赤水河

101

全面建成小康社会 贵州全景录

三是开展绿色绩效评价。出台《贵州省生态文明建设目标评价考核办法（试行）》，主要对9个市（州）党委和政府及贵安新区党工委和管委会进行考核。考核重点评价各市（州）、贵安新区生态文明建设进展总体情况、国民经济和社会发展规划纲要中确定的资源环境约束性目标以及生态文明建设重大目标任务完成情况。为了更准确地回答领导干部任期内自然资源资产"多了还是少了"、生态环境"好了还是坏了"，贵州积极运用大数据技术辅助决策，从而给出对领导干部履行生态环境保护责任的总体评价。以自然资源资产离任审计结果和生态环境损害情况为依据，明确对地方党委和政府领导班子主要负责人、有关领导人员、部门负责人的追责情形和认定程序。对领导干部离任后出现重大生态环境损害并认定其

贵州30项生态改革成果列入2020年国家生态文明试验区改革举措。图为安顺市紫云自治县格凸河镇贫困户的单株碳汇精准扶贫林木

四、贵州大地绿起来：厚植全面小康的生态底色

需要承担责任的，实行终身追责。

制定《贵州省加强环境保护督察机制建设的八条意见》，建立长效机制强化环境保护督察，要求领导干部亲力亲为抓督察，实行环保履职年度报告制度，强化人大、政协环保监督，构建环保问题群众举报处理常态化机制，深化环保专项督察机制，深化环保大数据运用机制，强化环保激励约束机制，健全环保问责机制。印发《贵州省党政领导干部生态环境损害问责实施办法》，着力完善生态文明建设责任追究制，明确问责情形、问责方式、问责结果运用、问责程序。落实《贵州省贯彻落实中央生态环境保护督察"回头看"及长江经济带生态问题专项督察反馈意见整改方案》，确保整改有成效。

贵州持续不断地像保护眼睛一样保护生态环境，像对待生命一样对待生态环境，生态建设成效显著。"十三五"期间，贵州省长江流域纳入国家"水十条"考核的37个断面，地表水水质优良（达到或优于Ⅲ类）比例提升至97.3%。珠江流域纳入国家"水十条"考核的18个断面，地表水水质优良比例稳定达到100%。2020年1月至11月，全省县级以上城镇环境空气质量优良天数比例为99.7%，全省151个地表水省考核断面水质状况总体为"优"，9个中心城市集中式饮用水水源地水质达标率保持100%。贵州的天更蓝了，水更清了，山更绿了，人民对生态环境改善的获得感、幸福感、安全感显著增强。

随着生态文明建设的有序推进，贵州实现了百姓富与生态美的和谐统一，人民群众的生态获得感明显增强。问卷调查结果显示（详见表4-1），15.0%的人民群众对当地的生态环境很满意，35.5%

的人民群众表示较满意，33.0% 的人民群众表示满意，三者的累积百分比为 83.5%。

表 4-1　人民群众对生态环境的满意度

评 价	频率	有效百分比（%）	累计百分比（%）
很满意	575	15.0	15.0
较满意	1355	35.5	50.5
满意	1261	33.0	83.5
不太满意	368	9.6	93.1
不满意	176	4.6	97.7
说不清楚	87	2.3	100.0
合计	3822	100.0	

注：上表数据在计算时仅保留小数点后一位。

（二）生活空间宜居适度

贵州以"四在农家·美丽乡村"建设为抓手，以脱贫攻坚、全面建成小康社会为目标，把农村危房改造、农村人居环境整治作为改善农村困难群众生产、生活环境的重要抓手。坚持走山地特色新型城镇化路子，依托山水脉络、城市地域特征和民族特色等独特资源，把生态元素融入城市规划建设中，为生态"留白"，给自然"种绿"，实现山水、田园、城镇、乡村各美其美、美美与共，让居民望得见山、看得见水、记得住乡愁。

四、贵州大地绿起来：厚植全面小康的生态底色

今日贵州，天更蓝、山更绿、水更清、生态更美好。图为贵州草海国家级自然保护区

1. 建设生态宜居的美丽乡村

贵州始终把脱贫攻坚与建设美丽乡村紧密结合，打造"四在农家·美丽乡村"小康行动计划升级版，着力建设配套设施完善、村容村貌整洁、山绿水清景美、宜居宜业宜游、人与自然和谐共生的生态宜居乡村。重点推进"道路硬化、垃圾处理、污水治理、卫生改厕和村庄绿化"五大项目和"改水、改灶、改厕、改圈"四改工程，建设排污设施，推行清洁生产，整治乱搭乱建，注重从源头上解决农村环境问题，连片推进农村环境综合整治；另一方面，出台《关

于整体改善农村人居环境全面加快"四在农家·美丽乡村"建设的实施意见》,重点落实乡村绿化、净化、硬化、亮化、气化、文化、便民化、安全化、数据化、产业化"十化"要求,推进贵州全省形成点线面结合、宜居宜业宜游的美丽乡村新格局。

"十三五"以来,贵州农村卫生厕所普及率提高,电力、燃气进村入户,农村生产生活用水条件得到根本改善。全省积极推广农业绿色生产,化学农药、化学肥料实现负增长,农业面源污染得到一定程度治理,农村人居环境得到显著改善,人与自然和谐共生新格局初步形成。

2. 建设山水园林美丽小城镇

贵州积极引导人口向城镇集中,优化城镇布局,划定城市开发边界,以"五个率先、五个突破"推进小城镇建设。

四、贵州大地绿起来：厚植全面小康的生态底色

一是率先开展以镇为单位的小康创建，在推动小城镇同步小康上取得了突破。制定了《贵州省100个示范小城镇全面小康统计监测工作实施办法》，建立了"贵州省100个示范小城镇全面小康统计监测指标体系"，制定了5大类共15项监测指标，突出农村居民人均可支配收入超过7000元、"镇村联动"覆盖率超过80%、"8+X"项目建成达标率达100%三项核心指标。通过开展示范小城镇以镇为单位的小康创建，助推全省小城镇同步小康、全面发展。

二是率先建立最完善的小城镇建设政策支撑体系，在推进山地特色小城镇路径上取得突破。从省级层面抓小城镇谋篇布局和顶层设计，出台了《中共贵州省委办公厅 贵州省人民政府办公厅关于做好100个示范小城镇建设工作的通知》等政策类、管理类、技术类顶层设计文件60余个，为全国小城镇规划、建设、管理、改革等提供了可借鉴的经验。

绿水青山正成为贵州人民的"幸福不动产""绿色提款机"。图为黔西南州兴义万峰林景区

三是率先实施"镇村联动"发展模式,在推进城乡融合发展上取得突破。用"以镇带村、以村促镇、镇村互动"的思路,推广实施"1+N"镇村联动发展模式,推动了小城镇与美丽乡村的规划编制、产业发展、基础设施、公共服务、生态空间、村镇管理,实现镇村"联规、联动、联建、联美、联富、联强",促进城乡统筹发展。

四是率先实施小城镇的改革发展,在释放小城镇机制活力上取得突破。出台了《中共贵州省委办公厅 省政府办公厅关于加快100个示范小城镇改革发展的十条意见》等29个配套政策,建立"1+N"改革政策支撑体系,推动下放195项县级经济社会管理权限,

贵州强力推进城镇环境基础设施建设,大力整治人居环境,城镇面貌焕然一新。图为黔南州平塘县城

四、贵州大地绿起来：厚植全面小康的生态底色

优化镇级机构设置、实施"镇园合一"等多项改革，为示范小城镇建设激发了内生发展动力。

五是率先创建"8+X"项目和标准，在指导基层建设实践上取得突破。建立以基础设施、公共服务设施、民生保障、产业发展为主的28类"8+X"项目库，制定"8+X"项目建设标准，把小城镇建设从理论探索向"项目化、实物化"推进，小城镇综合发展能力得到提升。

同时，强力推进城镇环境基础设施建设。县级以上城市实现污水垃圾处理设施全覆盖，污水处理率和生活垃圾无害化处理率分别达到95%和93.5%。推进生活垃圾焚烧发电设施建设，全省已建成生活垃圾焚烧发电项目18个，规模达到1.2万吨／日，设市城市生活垃圾焚烧处理能力占无害化处理总能力比重达到60%。建成餐厨垃圾处理设施规模604吨／日，地级城市基本具备餐厨垃圾处理能力。建成医疗垃圾处理设施32座，规模达到250吨／日。推进生活垃圾分类与再生资源回收利用"两网融合"，加快生活垃圾分类投放及收转运设施建设。基本完成现有城镇棚户区、城中村和危房改造，全面提升城镇人居环境质量。在改造棚户区工作中，各地坚持"多拆少建"的原则，尽量将腾出的土地建设成公园、绿地等公共设施，提升城市品位，改善人居环境。

3. 推进农村危房改造与人居环境整治

2008年3月，贵州省农村危房改造工程领导小组及办公室正式成立，专门负责统筹、协调全省农村危房改造工作。至此，贵州省农村危房改造工作进入了全面启动阶段。2008年5月，时任国家领导同志就贵州农村危房改造工作作出重要批示："同意在贵州

全面建成小康社会 贵州全景录

遵义市花茂村积极挖掘古法造纸、制陶、酿酒等资源,大力发展"乡愁"主题乡村旅游,实现了绿富同兴、富美协同

进行农村危房改造试点,要尽快做出规划、制定政策、开展工作,务求实效。"2008年7月,贵州省危房改造工作开始在探索中前进,"万户试点""扩大试点"工作有序启动,第一批农村危房改造试点农户数量达4.33万户。2009年1月,贵州省政府出台了《农村危房改造工程扩大试点实施方案》和《贵州省农村危房改造工程建设实施方案》,依据方案设定,贵州省将投入资金4.65亿元,进一步推进农村危房改造深入开展,预期改造危房达3.25万户;同时对危房改造的建设标准也做了进一步的明确。2009年2月,贵州省委、省政府出台了《中共贵州省委 贵州省人民政府关于全

四、贵州大地绿起来：厚植全面小康的生态底色

面启动实施农村危房改造工程的决定》（黔党发〔2009〕5号），决定的出台推动贵州农村危房改造工作进入纵深发展。依据贵州省经济条件、地形地貌、农村发展水平等情况，贵州省以"规划先行、着眼长远、分类指导、资源整合"16字方针为基本工作方法，推动农村危房改造与农村村庄整治有机结合，推动"危改""村治"互动融合。

2008年至2012年间，贵州危房改造工作在探索中前行，五年间历经了"试点""试点扩大""全面推进"三个阶段，贵州特色的危房改造模式初具雏形。2013年至2017年，贵州省危房改造工作在前期工作的基础上稳步迈进，全省农村危房改造总计达160.13万户，数百万百姓住房安全得到保障，百姓住房居住质量得到改善，生活幸福感显著提升。2017年，贵州省启动了"农村危房改造和住房保障三年行动计划"，计划以建档立卡贫困户、低保户等4类对象为重点累计改造28.91万户（非4类重点对象16.58万户）。

在危房改造的基础上，贵州省主要从三个方面提升民众居住质量。一是依据"缺什么、补什么"的基本思路和原则，自2017年起，贵州省启动了危改工作配套的改厨、改厕、改圈工作，完善农村居民住房居住卫生条件，进一步提升农村居民居住质量。二是着力推进贵州省农村人畜混居专项整治工作。贵州省于2019年全面启动了农村人畜混居整治工作，采取了原址整治、集中圈养、新建圈舍等方式对农村人畜混居问题加以解决，使广大养殖户居住质量得到切实的提高。三是稳步推进农村老旧住房透风漏雨整治工作。明确以"顶不漏雨、壁不透风、门窗完好"为基本工作目标，先期面向农村老旧住房开展摸底大排查，筛查出30.6万户有改造需求

的住房。在此基础上，集中资金、人力、物力推进改造工作，使广大民众的居住质量进一步提升。

2018年，贵州以"顶不漏雨、壁不透风、门窗完好"为整治目标，按照"尽力而为、量力而行"的原则，省级财政累计投入资金3.35亿元，对30.6万户农村群众房屋全面实施老旧住房透风漏雨整治。结合全省部分农户厨卧与畜禽圈舍同室或混杂、存在人畜共患疾病风险的问题，2019年省级财政累计投入资金1.58亿元，采取实施集中圈养、新建独立圈舍等方式，对7.12万户群众房屋开展农村人畜混居专项整治，全面改善农房卫生健康条件。

调查结果表明（如表4-2所示），有11.1%的居民认为自己的住房条件和居住环境与5年前相比有很大改善，有26.9%的居民认为有较大改善，42.7%的居民认为有一些改善。也就是说，近五年来，贵州80.7%的人民群众认为自己的住房条件和居住环境是有不同程度改善的，在居住方面有获得感。

表4-2 人民群众住房条件和居住环境获得感

评价	频率	有效百分比（%）	累计百分比（%）
有很大改善	426	11.1	11.1
有较大改善	1029	26.9	38.0
有一些改善	1634	42.7	80.7
没有改善	666	17.4	98.1
说不清楚	70	1.8	99.9
合计	3825	99.9	

注：上表数据在计算时仅保留小数点后一位。

四、贵州大地绿起来：厚植全面小康的生态底色

（三）生产空间集约高效

2017年12月，贵州省政府办公厅印发《贵州省城镇建设用地总量控制管理实施方案》，从严控制城镇建设用地总量，推动城镇空间发展从外延扩张转向优化结构。到2020年，国土空间开发强度控制在4.2%以内，建设用地总规模控制在74.4万公顷以内。开展资源环境承载能力和国土空间开发适宜性评价，合理布局生产、生活、生态空间，加快构建"绿色安全、和谐美丽、功能清晰、宜业宜居"的贵州国土空间格局。

1. 建立绿色发展市场机制

贵州省发改委印发关于《创新和完善促进绿色发展价格机制的实施意见》，推进形成有利于绿色低碳循环发展的价格机制和价格政策体系，促进资源节约和生态环境成本内部化的作用明显增强。出台《贵州省深化燃煤发电上网电价形成机制改革实施方案》，构建"基准价＋上下浮动"的市场化价格机制。建立完善天然气产业链各环节价格监管制度，改革创新天然气定价机制，充分释放天然气市场活力，助力天然气行业持续健康发展，助推"气化贵州"顺利实现。着力创新和完善污水垃圾处理、节水节能、大气污染治理等重点领域的价格形成机制，理顺责任关系，引导市场，汇聚资源，助力打好污染防治攻坚战。

严格落实《环境保护税法》，开征环境保护税，增强税收政策对污染排放的约束力，强化税收政策对环境治理的调控作用，让企业直接排放的纳税成本高于治理成本，促进全省环境质量总体稳定并持续向好，主要污染物实现总量控制目标，环境风险得到有效控

制。建立健全排污有偿使用和交易制度，推行企事业单位污染物排放总量控制和排污权交易活动减排收益的机制，倒逼企业履行环保责任，减少污染物排放。

2. 推进经济绿色发展

贵州着力推进传统产业绿色化改造，大力发展环境友好型新兴产业，加快发展体现生态环境优势的特色产业。

一是大力发展绿色经济"四型"产业。大力发展绿色农业、绿色制造业、绿色服务业、绿色金融业，加快构建生态经济体系成为贵州绿色经济发展的坐标。2016年，贵州发布《贵州省大生态十

四、贵州大地绿起来：厚植全面小康的生态底色

大工程包和绿色经济"四型"产业发展引导目录（试行）》，引导各地加快发展绿色经济。绿色经济"四型"产业发展目录，分为生态利用型、循环高效型、低碳经济型、环境治理型"四型"共15种产业。到2019年，绿色经济占地区生产总值比重达到42%左右，能耗总量和强度"双控"目标评价考核获国家通报表扬，万元地区生产总值能耗降低率位居全国第一。

二是深入开展产业绿色化改造。制定《贵州省绿色制造三年行动计划（2018—2020年）》，确定贵州三年内工业绿色发展的主要目标和重点任务。截至2020年，全省共有25家绿色工厂、6个绿色园区、8个绿色设计产品、1个绿色供应链纳入国家绿色制造

贵州立足良好生态优势大力发展特色农业，推动农村一二三产融合发展。图为遵义市凤冈县"茶海之心"

名单，2家企业入选国家工业产品绿色设计示范企业，同时创建了一批省级绿色制造示范单位。国家新型工业化产业示范基地有14个，国家级中小企业创新创业特色载体有4个，省级新型工业化产业示范基地有43个。深入实施"千企改造"工程，认真贯彻落实《贵州省人民政府关于深入推进"千企改造"工程的实施意见》，把工业节能、工业节水、资源综合利用、清洁生产、智能化等作为改造重点，加快传统产业绿色化升级改造步伐。按照"一个产业、一个省领导、一个工作专班、一个实施方案"的要求，分产业制订十大千亿级工业产业振兴行动实施方案和年度计划。

三是在全国率先实施磷化工企业"以渣定产"。贵州省人民政府印发《省人民政府关于加快磷石膏资源综合利用的意见》，倒逼企业加快磷石膏资源综合利用，加快绿色化升级改造步伐，推动磷化工产业高质量发展。编制全国第一部《磷石膏建筑材料应用统一技术规范》，围绕磷石膏建材、井下充填和制酸三大主攻方向，实施了一批磷石膏资源综合利用项目，提高了磷石膏资源综合利用能力，2020年实现当年磷石膏"产消平衡"。

四是调整能源结构降能耗。全力推进能源结构调整，清洁能源占比达到52.9%，比全国的平均水平高8.1个百分点。"十三五"期间单位地区生产总值能耗下降24.3%，降幅居全国前列。

3. 推进绿色金融改革创新

早在2015年底，贵州就确立了"以金融开放创新为动力、以服务实体经济为宗旨、以普惠金融和绿色金融为突破、以不发生系统性区域性金融风险为底线"作为"十三五"时期金融创新发展思路。2016年11月，贵州在全国率先出台了《省人民政府办公厅关

四、贵州大地绿起来：厚植全面小康的生态底色

于加快绿色金融发展的实施意见》，对推动贵州生态文明建设和绿色经济转型发展起到了积极的引导和支持作用。

2017年6月，中国人民银行等七部委印发《贵安新区建设绿色金融改革创新试验区总体方案》后，贵州省委、省政府进一步加大力度推进绿色金融改革创新试验区建设工作，印发了《贵安新区建设绿色金融改革创新试验区任务清单》，重点围绕多层次绿色金融组织机构体系、加快绿色金融产品和服务方式创新、拓宽绿色产业融资渠道、加快发展绿色保险、夯实绿色金融基础设施、构建绿色金融风险防范化解机制等明确了具体任务。

积极发展绿色信贷，截至2017年6月末，全省节能环保及服务项目贷款余额为1689亿元，同比增长28.83%，有效缓解了节能环保项目的资金需求。大力推动绿色企业上市，抢抓证监会关于西部地区、全国贫困县企业上市绿色通道政策机遇，优先支持生态利用型、循环高效型、低碳清洁型、环境治理型绿色经济"四型"产业上市发展。截至2017年6月末，全省境内外上市和新三板挂牌企业88家，仅2016年以来就新增了30家，实现了贵州资本市场的实质性突破，其中近一半是绿色经济"四型"产业。大力发展绿色产业基金。围绕大扶贫、大数据、大生态三大战略行动，推动设立了云上贵州大数据产业基金等多支绿色基金，支持贵州绿色新兴产业发展。协调推动发行绿色债券。支持贵阳市公共交通集团成功发行了26.5亿元全国首单公共交通绿色资产证券化债券。积极支持地方银行发行绿色金融债券，积极构建政策性担保体系。通过实施地方金融机构"五个全覆盖"工程，实现了全省县域政策性融资担保机构全覆盖，并引导政策性融资担保机构支持绿色项目。

（四）生态旅游高质量发展

贵州生态良好、气候宜人，奇峰、异谷、溶洞、湿地、温泉遍布全域，独特的喀斯特地貌孕育了无数雄奇秀美的景色，被誉为"山地公园省"，发展生态旅游具有天然优势。习近平总书记高度重视贵州旅游业发展，对贵州旅游业特别关心、寄予厚望。2014年3月，总书记参加全国两会贵州代表团审议时，指示贵州"充分发挥优势，把旅游业做大做强，使旅游业成为重要支柱产业"。在实践中，贵

冬日的世界自然遗产地铜仁梵净山银装素裹、壮美如画

四、贵州大地绿起来：厚植全面小康的生态底色

州着力念好"山字经"，做好"水文章"，把生态优势转换成旅游业发展的重要支撑，把生态环境打造成贵州旅游的"金字招牌"。

旅游产业链条长、涉及领域多、协调难度大，长期存在"九龙治水、政出多门"的问题。为破解这一难题，贵州坚持问题导向，持续推进旅游发展领导机制改革。成立了以省长为组长，省委、省政府分管领导为副组长的贵州旅游发展和改革领导小组。建立省市县三级相应组织机构，形成"横向统筹协调、纵向层层落实"的工作机制，进一步加大统筹协调力度。印发了《省旅游发展和改革领导小组工作规则》《关于推进旅游业供给侧结构性改革的实施意见》《贵州省乡村旅游可持续发展提质升级实施方案》等政策文件，通过不断改革，形成了旅游、发改、财政、国土、住建等部门各司其职、积极参与、密切配合的"多位一体"推进机制和群策群力加快旅游业发展的浓厚氛围，生态旅游发展的思路也越来越清晰。

2016年4月，贵州在全国率先启动全省旅游资源大普查工作。组织近10万名普查员，共普查登记地文景观、水域风光、生物景观、天象与气候、遗址遗迹、建筑与设施、旅游商品、人文活动、康体养生、乡村旅游、红色旅游、山地体育等12个主类、53个亚类、210个基本类型，登记各类单体旅游资源82721处，其中新发现51630处，优良等级旅游资源9607处。在普查的基础上建成全省旅游资源数据库，为实现旅游资源的有序有效配置奠定良好基础，为旅游资源向旅游产品和品牌的转化提供依据。

在全省旅游资源大普查的基础上，编制了《贵州省全域山地旅游发展规划》，着力打造"山地公园省·多彩贵州风"旅游品牌，按照差异化、主题化发展要求，布局"1+7"新型旅游功能区。"1"即依托黔中城市群，以贵阳市、安顺市、贵安新区、凯

里市、都匀市为重要节点，着力打造山地休闲度假旅游核心区。"7"即黔东南州山地旅游+民族文化旅游区、黔南州山地旅游+天文科普旅游区、黔西南州山地旅游+户外运动旅游区、遵义市山地旅游+世界名酒文化旅游区、六盘水市山地旅游+避暑康养旅游区、毕节市山地旅游+康养度假旅游区、铜仁市山地旅游+佛教名山旅游区等七大旅游主体功能区。全省倡导各行各业各领域都要有机渗透旅游发展的功能、需求和元素，推动旅游+交通、旅游+文化、旅游+体育、旅游+大健康等系列元素融合发展。还制定了《贵州省山地旅游发展规划》，打造温泉省、索道省，国际天文科普文化旅游带、世界名酒文化旅游带、千里乌江滨河度假旅游带、长征红色文化旅游带"两省四带"，发布乡村旅游标准体系，发展全域山地特色乡村旅游，让来贵州的游客在不同的地方都能够体验不一样的山地旅游风情。

2013年5月，贵州启动100个旅游景区建设，对旅游基础设施发起"攻坚战"。2012—2021年，全省5A级景区从2个增至8个，4A级以上景区从18个增至187个；国家级旅游度假区实现零的突破，成功创建2个；成功创建国家全域旅游示范区7个；成功创建国家生态旅游示范区7个；成功创建全国乡村旅游重点村38个。全省新增生态旅游慢行道2121.69公里、停车场1938个，布局了一批旅游服务中心、游客购物中心等。此外，扎实推进"厕所革命"，2016年以来新建和改扩建旅游厕所2000余座，旅游基础设施不断完善。

以行之顺心、住之安心、食之放心、娱之开心、购之称心、游之舒心"六心"服务为目标，以"文明在行动·满意在贵州"主题活动为统领，全面推进贵州满意旅游建设。从2016年起，统筹整

四、贵州大地绿起来：厚植全面小康的生态底色

合旅游、人社、扶贫、农业等部门培训资金，以县为单元开展旅游从业人员服务技能培训，持续开展了满意旅游企业创建和服务之星竞赛活动，在全省旅游行业形成比技能、赛服务的良好氛围。搭建贵州旅游信用信息系统，设立旅游购物退货试点53家。开展多彩贵州满意旅游"痛客行"活动，建立并推动整改"痛点"问题。加大对旅游违规违法行为的查处力度，强调以决不护短、决不手软的态度，严厉打击不合理低价游、诱导购物、强买强卖等违法行为，坚决维护贵州旅游业的"蓝天净土"。通过满意旅游建设，贵州旅游服务质量得到有效提升。

把旅游体制创新和大数据应用作为打造"山地公园省·多彩贵

贵州着力打造国际一流山地旅游目的地、国内一流度假康养目的地。图为六盘水市玉舍国家森林公园滑雪场

州风"文化旅游品牌的基本引擎,加快全域旅游大数据顶层设计规划,初步形成"一中心五平台三个端的总体架构":"一中心"即全域旅游大数据中心;五平台为旅游产业运行监测与应急指挥平台、旅游产业监管服务平台、旅游服务平台、企业云服务平台和游客服务平台;支撑用户端(ToC端)、企业端(ToB端)、政府端(ToG端)三个端应用。按照三端合力、齐头并进的原则,加快推进"大旅游"建设。建成用户端"一码游贵州全域智慧旅游平台",以轻量化载体小程序为入口,通过一个二维码广纳全省旅游信息资源,将专业化的旅游资讯、个性化的产品服务、前沿化的科技感知进行多维度、立体式、精准化的传播,为游客提供"吃、住、行、游、购、娱"等全方位的智慧旅游服务,有效提升游客入黔体验。平台上线以来,入住酒店和商户超过4万家,总访问量近1亿人次,累计使用用户近1000万人,预约门票近180万张,已经成为贵州旅游服务重要数字化平台,得到了国家和省领导充分肯定。

把办好国际山地旅游大会作为打造"山地公园省·多彩贵州风"文化旅游品牌的基本平台,与时俱进创新办会模式,深化与各方的务实合作,吸引更多游客到贵州旅游观光。创新旅游业发展综合推进机制,连续15年召开全省旅游业产业发展大会,推动大会向项目观摩会、旅游项目推介会和工作推进会转变。连续多年推出暑期旅游优惠政策,有力地提升了贵州作为"山地公园省"的人气和财气。

通过努力,贵州生态旅游发展逐渐步入快车道,推动绿水青山转化为金山银山。据统计,从2014年到2019年,全省旅游业持续"井喷式"增长,接待游客从3.21亿人次增长到11.35亿人次,旅游总收入从2895.98亿元提高到12318.86亿元,旅游产业增加值从812.24亿元提高到1948.71亿元,占GDP的比重从8.7%增长到

11.6%，旅游业逐渐成为贵州的重要支柱产业，贵州也成了名副其实的旅游大省。2019 年，美国《国家地理》发布的全球 23 个旅游必去之地，贵州是中国唯一入选目的地。世界著名旅行指南 *Lonely Planet*（《孤独星球》）推出的 2020 年世界最佳旅行目的地榜单中，中国唯一入选地区也是贵州。

2020 年以来，贵州牢固树立产业链思维、科学规划产业布局、做大做强产业体系、深入推进"旅游+多产业"融合发展，着力打造国际一流山地旅游目的地、国内一流度假康养目的地，加快建设多彩贵州旅游强省和民族特色文化强省。特别是 2021 年以来，贵州坚持以高质量发展统揽全局，全面落实"一二三四"工作思路和围绕"四新"主攻"四化"的决策部署，聚焦旅游产业化，系统谋划，深度融合，着力固根基、扬优势、补短板、强弱项，扎实推进旅游高质量发展开好局、起好步取得良好成效。省政府批准印发《贵州省"十四五"文化和旅游发展规划》，省委、省政府连续出台实施《关于推动旅游业高质量发展加快旅游产业化建设多彩贵州旅游强省的意见》《关于加快推进旅游产业化奋力实现旅游大提质的实施意见》，制定印发旅游产业化"四大行动"方案及文化旅游产业投资基金管理、旅游产业化考核评价相关办法及制度，协调省直有关部门出台支持旅游产业化的政策措施，建立健全贯通省市县三级的旅游产业化专项组办公室调度推进机制，狠抓 49 项文化和旅游重点工作，构建了推进旅游产业化的"四梁八柱"，为建设"两个强省"凝聚了智慧、明晰了路径、奠定了坚实基础。

五、民生福祉好起来：织牢全面小康的民生网底

  2016年12月21日，习近平总书记在中央财经领导小组第十四次会议上强调："全面建成小康社会，在保持经济增长的同时，更重要的是落实以人民为中心的发展思想，想群众之所想、急群众之所急、解群众之所困。"在党中央的坚强领导下，贵州省把解决好人民群众最关心、最直接、最现实的利益问题作为重中之重，从

五、民生福祉好起来：织牢全面小康的民生网底

人民群众最关心的教育、就业和收入、医疗卫生服务、社会保障等事情做起，一件接着一件办，一年接着一年干，不断增进民生福祉，织牢全面小康的民生网底，让人民群众最大限度分享改革发展成果。

（一）优质教育承载小康梦想

改革开放前，贵州教育发展滞后。改革开放后，贵州教育经历四个十年的发展，取得了巨大的发展成绩，为全面建成小康社会奠定了坚实的基础。1979年至1988年，贵州及时调整教育路线和办学方向，突出教育在社会主义"四化"建设中的地位和作用，初步建立符合贵州省情的基础教育、全日制普通高等教育、职业技术教育和成人教育体系。1989年至1998年，贵州围绕各级各类学校的

贵州把解决好人民群众最关心、最直接、最现实的问题作为重中之重，民生网底越织越牢。图为位于"乌江百里画廊"的黔西市化屋村

重建兴建、结构调整、协调发展开展工作，特别是把重点放在农村教育事业上，全省教育事业发展进入巩固提高、加快发展的时期。1999年至2008年，贵州进一步确立教育优先发展战略，抢抓机遇，全省88个县（市、区）提前实现了"两基"攻坚目标，同时大力发展职业教育与成人教育，迅速扩大高等教育规模，推动教育事业跨越发展。2009年至今，贵州牢固树立"富民必先强教、兴黔必先兴教"的发展理念，用好用足中央对贵州教育倾斜的各种政策，强化顶层设计，对贵州教育改革发展实施深层次、根本性变革，取得了全方位、开创性的成就。

1. 学前教育普及普惠发展

党的十八大以来，党中央、国务院提出建立和完善覆盖城乡、布局合理的学前教育公共服务体系，要求到2020年，全国学前三年毛入园率达到85%，普惠性幼儿园覆盖率达到80%，公办幼儿园在园儿童占比达到50%。为此，省政府多措并举狠抓落实，连续实施学前教育突破工程，幼儿园数从2015年底的5993所增加到2020年底的11017所，新增5024所；学前三年毛入园率从80%增加到90.3%，提高了10.3个百分点；普惠性幼儿园覆盖率从2016年的66.72%增加到83.36%，县、乡、村三级学前教育公共服务网络逐步形成。"十三五"期间，全省新增公办幼儿园专任教师2万余名；投资近50亿元，累计新建、改扩建易地扶贫搬迁安置点配套幼儿园近300所，提供学位8万个，解决了近4.5万名偏远贫困地区儿童"入园难""入园远"的问题。2019年至2020年，全省各级政府多渠道筹措资金40亿元用于城镇小区配套幼儿园治理，新增小区配套普惠性学前教育学位16.8万个。2016年，

五、民生福祉好起来：织牢全面小康的民生网底

贵州在全国率先实施学生营养工程，彻底解决了广大农村学生就餐难问题。图为黔南州惠水县农村小学生享用营养午餐

贵州将营养改善计划由义务教育阶段向学前教育延伸，在全国率先启动实施农村学前教育儿童营养改善计划。截至2020年底，全省共投入补助资金20.5亿元用于农村学前教育儿童营养改善计划，惠及351.77万名农村学前教育儿童，2018年实现全省农村学前教育机构全覆盖。

2. 义务教育基本均衡发展

"十二五"以来，贵州省深入实施"四项教育突破工程"，启动实施教育"9+3"计划，大力改善各级各类学校办学条件，增加办学资源，扩大办学规模，提高普及程度，夯实教育扶贫根基，努力保障适龄少年儿童有学上。2011年3月，省教育厅下发《关于成

129

立"三项突破工程"领导小组的通知》（黔教计发〔2011〕90号）。2011年7月，省政府印发《贵州省农村寄宿制学校建设攻坚工程实施方案》（黔府发〔2011〕23号）。2013年12月，省政府办公厅下发《贵州省三大集中连片特殊困难地区教育扶贫工程实施方案》（黔府办函〔2013〕153号）。针对贵州义务教育薄弱环节，组织编制和实施全面改善贫困地区义务教育薄弱学校基本办学条件项目规划、城乡义务教育学校布局专项规划、义务教育薄弱环节改善与能力提升项目规划。

"十三五"以来，贵州累计统筹中央补助资金172.6亿余元、省级财政投入资金65.5亿元，重点推进城镇义务教育学校和标准化农村寄宿制学校建设，补强提升确需长期保留的乡村小规模学校办学条件，支持各地新建、改扩建全面改薄、薄改与能力提升项目学校5000余所，建设城镇义务教育学校141所、教师周转宿舍1.2万套，新增义务教育校舍资源近1100余万平方米，着力破解"城镇挤""乡村弱"难题，为实现县域义务教育基本均衡发展夯实了根基。2016年全省九年义务教育巩固率达88%，比2010年提高11个百分点；2017年，加快推进义务教育均衡发展，新增15个县实现义务教育发展基本均衡；2018年全省以县为单位率先在西部实现县域义务教育基本均衡发展全覆盖；2019年底全省九年义务教育巩固率达到93%。

从2015年秋季学期开始，全省各级财政压缩本级党政机关行政经费的6%，持续实施贵州省教育精准扶贫学生资助政策，全省累计投入教育精准扶贫学生资助资金71.88亿元，资助农村建档立卡贫困学生228.31万人次。2016年3月，贵州省财政厅、省教育厅联合印发了《贵州省进一步完善城乡义务教育经费保障机制的

五、民生福祉好起来：织牢全面小康的民生网底

实施方案》，从 2016 年春季学期开始，统一城乡义务教育学校生均公用经费基准定额，统一城乡义务教育"两免一补"政策，从制度上为全省义务教育的发展提供了有力的经费保障。城乡义务教育生均公用经费由中央与地方按 8∶2 的比例分担，地方承担部分实行分级分比例承担，充分考虑地区差异，对贫困地区实行适当倾斜，减轻地方财政压力。地方应承担的 20% 部分集中连片特困地区 65 个县（市、区）和黔南州、黔东南州、黔西南州的非集中连片特困县（市、区）所属学校由省、市（州）、县（市、区）按 8∶1∶1 比例分担。截至 2020 年 6 月，生均公用经费补助涉及全省城乡义务教育学生 2770 余万人次，共计资金 208.51 亿元。其中共

贵州在西部率先实现县域义务教育基本均衡发展。图为黔东南州剑河县苗家娃上学第一天

计补助集中连片特困地区 65 个贫困县和黔南、黔东南、黔西南州非集中连片特困县 148.18 亿元（中央资金 123.65 亿元，省级资金 24.53 亿元）。截至 2019 年，全省全面改薄五年工程规划累计新建、改扩建义务教育学校项目 4481 所，完工校舍 1187.85 万平方米、运动场 1282.5 万平方米，完成采购课桌椅 63.06 万套、生活设施 107.67 万台（件／套）、图书 2791 万册以及计算机、教学仪器设备 399.18 万台（件／套），圆满完成规划任务，助推全省率先在西部实现县域义务教育基本均衡发展全覆盖。

针对特殊教育薄弱问题，政府加大了资金投入，新建、改扩建特殊教育学校 63 所，30 万以上人口的县（区）实现特殊教育学校全覆盖，积极促进"三残"少年儿童入学。落实"双线"目标责任制、"七长"负责制和控辍保学三项工作制度。全面普及残疾儿童少年义务教育，发展学前、高中阶段的特殊教育。关爱留守儿童、困境儿童。坚持"两为主、两纳入"原则，依法保障困难地区进城务工随迁子女平等接受教育权利。

3. 高中教育提质增效发展

组织编制和实施高中阶段教育普及攻坚计划学校建设规划，全省累计投入资金 270 亿元（其中中央资金 46 亿元、省级资金 55 亿元），支持各地新建、改扩建普通高中学校 200 余所，中职"百校大战"项目学校 100 余所，基本实现初中毕业学生全部都能进入高中阶段学校学习的目标。新增普通高中校舍资源 600 余万平方米，为普通高中教育提质普及发展提供了有力支撑，促进普通高中优质化、特色化、多样化发展，实现全省以县为单位基本普及 15 年教育全覆盖。2016 年全省高中阶段毛入学率达 87%，接近全国平均水平，比 2010 年提高 32 个百分点，2019 年底高中阶段毛入学率达到 89%。

4. 构建职业教育体系

党的十八大以来，贵州省大力发展职业教育，使广大青年特别是贫困地区农村学生通过职业教育，掌握技术技能，走上了脱贫致富之路。"职教一人、就业一个、脱贫一家"的理念已逐步成为社会共识，以实施"9+3"计划为载体，推动职业教育发展实现了"三个率先"。

一是率先在全省实施免费中职教育。2013 年 1 月，省人民政府以一号文件形式印发实施《关于实施教育"9+3"计划的意见》（黔府发〔2013〕1 号），提出在巩固 9 年义务教育的基础上，大力发展 3 年免费中职教育，各级党政机关压缩行政办公经费的 6% 用以支持教育事业发展。2011—2014 年，全省免除中职学生学费 16.87 亿元，惠及学生 92.4 万人。中职学校一、二年级学生享受国家助学金比例达 75% 以上，全省共发放中职学校国家助学金 10.22 亿元，受益学生 68.13 万人。2015 年，贵州省十二届人大常委会十三次会议通过《贵州省职业教育条例》，明确提出向贫困人口提供免费职业教育，包括中职、高职和职业技能培训，并针对职业教育提供专项资金支持。2015 年起连续 3 年在 10 所优质省属职业院校举办"威宁班"和"赫章班"，为威宁、赫章两个扶贫开发重点县的 6000 名应往届初高中毕业生提供全部免除学费、书费、住宿费以及享受国家资助金政策的职业教育。贵州省教育脱贫攻坚工作得到国家的肯定与认可，2017 年 7 月，国务院在甘肃召开全国打赢教育脱贫攻坚战现场会，贵州省作为 6 个发言单位之一，在大会上作了经验交流发言。

二是率先编制全省职业教育有关规划。2013年9月，在全国率先编制《贵州省现代职业教育体系建设规划（2013—2020年）》（黔教职成发〔2013〕386号），《规划》明确了10项重点任务，即调整职业教育空间布局、加快职业教育基础能力建设、优化职业教育专业结构、强化校企合作办学、广泛开展职业技能培训、发展民办职业教育、推进职业教育区域合作、形成完整的职业教育人才培养体系、加强职业教育师资队伍建设、深化职业教育体制机制改革。

三是率先颁布施行《职业教育条例》。2015年1月15日，贵州省第十二届人大常委会十三次会议通过《贵州省职业教育条例》，并于3月1日起颁布施行。《条例》明确提出向贫困人口提供免费职业教育，包括中职、高职和职业技能培训，也明确了要设立专项资金进行支持。

通过努力，贵州把职业教育办成产业发展的"助推器"、脱贫致富的"直通车"、社会稳定的"安全阀"和促进就业的"增量池"，推动了贵州省职业教育大发展，取得了如下三个方面的显著成绩。

一是规模不断增加。构建"一体两翼多节点"职业院校空间布局，截至2020年底，贵州省职业院校达到231所，在校生85万人，较"十二五"期间增长13%。其中，高职教育在校生从2012年的13万人增长到2020年的近45万人，超过省内本科高校在校生规模。实施中职"百校大战"，建成清镇职教城，聚集19所职业院校，入驻师生13万余人。

二是内涵不断拓展。贵州省职业院校专任教师达3.38万人，建成35个省级优秀教学团队、33个省级大师工作室。建成国家示范改革中等职业学校19所、国家示范（骨干）高职院校2所，3所高职院校入选中国特色高水平高职学校和专业建设计划。建成适应经济发展的57个省级重点专业群、204个省级骨干专业、277门省级精品在线开放课程。国家级、省级技能大赛获奖分别为366项、5700项。与东部深入开展结对，形成"沪遵职教联盟""广东—贵州职业院校对口支援联盟"等特色成果。

面向深度贫困地区每年开办200余个全免费订单职业教育精准脱贫班，招收贫困学生25800人。实现120万农村建档立卡贫困户"1户1人1技能"全覆盖。打造"贵州喀斯特交通"、"三绿一红"黔茶、"贵州朝天椒"、"贵州白酒"等职业教育特色品牌。培养输送技术技能人才110余万人，高职、中职毕业生平均初次就业率分别达90%、94%，中高职毕业生省内就业率由10年前的30%上升到70%。

三是社会认可度不断提升。贵州职业教育每年为省内大数据企业平均培养输送2.8万名技术技能人才，为旅游产业输送3.1万名人才。输送交通建设技能人才1.7万名，助推贵州在西部率先实现县县通高速、村村通公路。"崇尚一技之长"理念初步得到社会认可。

5.实现贫困学生应助尽助

贵州结合自身教育实际，先后制定出台了一系列贫困学生资助办法，实现"精准资助、应助尽助"，有效解决了农村贫困学生上学期间的费用问题，使每一位学生安心学习、健康成长、努力成才。从幼儿园到高中，针对各学习阶段分门别类地制定和完善了学生资助政策体系，切实有效地做到了教育精准扶贫，兑现了"不让一个学生因家庭经济困难而失学"的庄严承诺，推动全省教育事业取得新的发展。

为全面贯彻落实党中央、国务院关于精准扶贫、精准脱贫的战略部署，在《中共贵州省委 贵州省人民政府关于坚决打赢扶贫攻坚战 确保同步全面建成小康社会的决定》（黔党发〔2015〕21号）的基础上，2015年10月，贵州省委办公厅、省人民政府办公厅印发了《关于进一步加强农村贫困学生资助推进教育精准扶贫的实施方案》（黔党办发〔2015〕40号），决定从2015年秋季学期起，在全省全面实施教育精准扶贫学生资助政策。2015年11月，省教育厅、省财政厅、省扶贫开发办公室、省人力资源和社会保障厅下发了《贵州省进一步加强农村贫困学生资助 推进教育精准扶贫实施办法（试行）》（黔教助发〔2015〕274号）。从2015年秋季学期开始，贵州全省各级财政压缩本级党政机关行政经费的6%，持续实施贵州省教育精准扶贫学生资助政策，在确保享受国家资助政策的基础上，向普通高中、中职学校、普通高校（不含研究生阶段）贵州户籍农村建档立卡贫困学生，每生每年提供扶贫专项助学金1000元，免（补助）学费、教科书费和住宿费等资助。2016年，全部免除普通高中建档立卡等四类家庭经济困难学生学费。2017年5月，为进一步优化资助程序，重新修订完善下发了《贵州省教育精准扶贫学生资助实施办法》（黔教助发〔2017〕92号）。2017年，统一全省城乡义务教育阶段家庭经济困难寄宿生生活费补助政策，向全省城乡义务教育阶段学生免费提供教科书。

全面向农村建档立卡贫困学生开通"绿色通道"，保障其直接按资助标准免费无障碍入学。计划实施以来，全省累计投入教育精准扶贫学生资助资金71.88亿元，资助农村建档立卡贫困学生228.31万人次，保障了农村建档立卡贫困学生顺利完成学业，通过

五、民生福祉好起来：织牢全面小康的民生网底

教育实现成人成才，彻底斩断穷根。贫困农户获得感进一步增强，给予该项政策普遍赞誉。2018年，进一步完善高校毕业生下基层学费补偿助学贷款代偿政策。2019年，设立中职学生国家奖学金，奖励中职学校特别优秀的学生；普通高校国家奖、助学金"扩面提标"，高职院校国家奖学金、国家励志奖学金和国家助学金覆盖面增加10%，本科、专科国家助学金补助标准从平均每生每年3000元提高到3300元；将义务教育阶段家庭经济困难学生生活费补助范围从寄宿生扩大到非寄宿的建档立卡贫困学生、家庭经济困难残疾学生、农村低保家庭学生、农村特困救助供养学生。组合拳式的精准资助政策措施出台，形成了以国家资助为主体、学校和社会资助为补充，包括助、奖、免、补、贷、偿、食、勤等多种手段在内的全覆盖、多维度、多元化的学生资助政策体系。

（二）全民健康托起全面小康

2013年8月，习近平总书记提出，"人民身体健康是全面建成小康社会的重要内涵"。2014年12月，在江苏镇江考察时，他再次强调："没有全民健康，就没有全面小康。"贵州省围绕实现人民群众基本医疗有保障的目标，全面构建医疗卫生服务体系，补齐基层医疗卫生服务能力短板，构建医疗保障体系，努力让人民群众有地方看病、有医生看病、有制度保障看病和少生病。全省甲乙类法定传染病总发病率控制在241.05/10万，免疫规划疫苗接种率持续保持在95%以上，艾滋病病毒抗体检测人数占常住人口比例达33.3%，居全国前列；居民电子健康档案建档率90.91%；孕产

妇死亡率、5 岁以下儿童死亡率、婴幼儿死亡率分别从 2015 年的 24.64/10 万、12.22‰、8.67‰下降到 2020 年的 15.90/10 万、7.47‰ 和 5.01‰，三个指标均优于全国平均水平。妇幼民生保障水平显著提高，儿童营养改善累计 180 余万儿童受益，居全国第一。

1. 提高医疗卫生基础支撑能力

1978 年改革开放前夕，贵州医疗卫生机构发展到 6274 个，是 1950 年 84 个的 74.7 倍；有医院 4510 所，共有病床 40274 张，是 1950 年 934 张的 43.12 倍；有卫生技术人员 58190 人，是 1950 年 665 人的 87.5 倍；平均每千人拥有的病床数由 1950 年的 0.06 张增长到 141 张；每千人拥有的卫生技术人员数由 1950 年的 0.05 人增长到 2.18 人。

改革开放后，贵州医疗卫生事业的发展改变了过去一切靠国家的旧观念，提倡和推行国家、集体、个人一起上，鼓励多渠道、多层次和多途径办医，把社会各方面和个体的积极性调动起来，形成多元化办医的新格局。到 2000 年，全省医疗卫生机构已发展到 8992 个，比 1978 年增加 2718 个；有病床 58580 张，比 1978 年增加 18306 张；有卫生技术人员 85397 人，比 1978 年增加 27207 人。全省卫生技术人员中，有主任医（药、护、技）师 256 人、副主任医（药、护、技）师 2120 人，具有高级职称的占总数的 2.66%；主治（管）医（药、护、技）师 13902 人，占总数的 16.28%。一个覆盖全省，以国有医疗卫生机构为主体，以集体、个体为补充的医疗卫生服务网络和由高级卫生技术人才进行技术把关，不同人才结构和不同能级、各类专业技术人才具备的卫生队伍已经建立起来。

党的十八大以来，党中央、国务院高度重视卫生健康工作，

五、民生福祉好起来：织牢全面小康的民生网底

习近平总书记把人民健康摆在优先发展的战略位置，多次强调"没有全民健康，就没有全面小康"。人民健康是民族昌盛和国家富强的重要标志，新时代卫生与健康工作的方针，要以基层为重点，以改革创新为动力，预防为主，中西医并重，将健康融入所有政策，人民共建共享。2019年，全省卫生健康事业发生翻天覆地的变化。2020年，全省床位数达27.57万张，三级甲等医院（含妇幼保健院）35家；卫生健康队伍不断壮大，全省卫生人员总数达36.84万人，每千人中执业（助理）医生、注册护士、公共卫生人员数量分别从2015年的1.8人、2.15人、0.53人增加到2020年的2.56人、3.42人、0.63人；医疗救治能力不断提高，实现从缺医少药到健康贵州的跨越发展。

2. 推进医疗卫生资源向基层下沉

一是大力推进"百院大战"改善县、乡、村三级就医环境。贵州以实施"百院大战"（省级医院10所、市州级医院20所、县级医院110所）为抓手，实现全省每千人医院床位数达到4.8张，每千人公立医院床位数达到3.3张（含妇幼保健院床位），每千人中医类医院床位数达到0.55张，使贵州医院床位数达到全国平均水平，进一步丰富贵州医疗卫生服务资源，有效缓解广大人民群众看病难、看病远、看病挤的问题。

实现乡镇卫生院标准化建设全覆盖，切实强化乡镇卫生院特色专科建设。2016年争取中央资金18970万元、省级资金8280万元，采取新建、改扩建等方式，全面完成乡镇卫生院标准化建设。同时，省级财政累计投入5780万元建设145个乡镇卫生院特色专科，投入约2.6亿元建设1300个基层中医馆。

实现村卫生室医疗卫生服务全覆盖。截至 2019 年 12 月 11 日，贵州省的 66 个贫困县，各县均有 1 所二级及以上县级公立医院，共有 1079 个乡镇卫生院。66 个贫困县及 22 个非贫困县的贫困村共有 15019 个村卫生室、21553 名合格村医，确保每个行政村有 1 个卫生服务机构且至少有 1 名合格的乡村医生，县、乡、村的卫生服务机构及人员"空白点"已全部消除。

全面推进易地扶贫搬迁安置区医疗服务体系建设。省卫健委同省发改委、省财政厅、省医保局、省扶贫办、省生态移民局和省中医药管理局 7 个部门联合制定《关于印发进一步做好易地扶贫搬迁安置点医疗卫生后续服务工作方案的通知》，对贵州 842 个易地扶贫搬迁集中安置区，在充分利用好周边原有医疗卫生资源的基础上，新建和改扩建 411 个规范化医疗卫生机构，为 759 个医疗卫生机构配备设施设备，按规定配齐医务人员，搬迁群众有保障看病就医覆盖率达到 100%，切实解决了搬迁群众就近就医的需求。

全力推进农村中小学校医务室建设。2016 年，全省农村中小学共配置了校医 12708 人；2017 年，全面推开县域医共体建设，加快建立分级诊疗制度，率先在全国实现乡镇卫生院（社区卫生服务中心）全覆盖；2018 年，各级投入资金 6295.55 万元，为全省所有农村中小学校医务室标准化配备 29 种医疗设备。为推动医疗资源不断下沉，落实好分级诊疗、基层首诊，加快实现医疗服务"市县乡一体化""乡村一体化"，2019 年，贵州省被列入全国县域医卫共同体试点单位。

二是全面建成省、市、县、乡四级远程医疗服务体系。充分发挥贵州大数据战略优势，构建完成内连省、市、县、乡四级公立医疗机构，上接国家优质医疗资源的贵州省远程医疗服务网络。这

五、民生福祉好起来：织牢全面小康的民生网底

是全国第一个由政府主导建立的远程医疗系统，是省级层面第一张全覆盖的远程医疗大网，也是以省为单位第一个投入实战的远程医疗系统。通过统一的远程医疗服务管理平台开展疑难病例、远程影像诊断、远程心电诊断等多种形式的远程医疗服务，率先在全国构建了"一网络、一平台、一枢纽"的远程医疗架构。贵州省所有政府办医疗机构共 1836 个全覆盖，实现远程医疗县县通、乡乡通。2015 年，作为全国首批远程医疗政策试点省，在试点项目期内，贵州省以 63 家医院作为远程医疗接入医院开展远程医疗政策试点。2016 年，按照"一网络、一平台、一枢纽"的技术架构，建成全省统一的远程医疗服务管理平台，实现贵州所有 199 家县级以上公

贵州全面建成省、市、县、乡四级远程医疗服务体系。图为贵州省人民医院开展远程医疗会诊

立医院的远程医疗服务全覆盖。2017年，创新实施全面建成乡镇卫生院远程医疗服务体系乡乡通，将远程医疗服务体系向全部乡镇卫生院和社区卫生服务中心延伸，建立覆盖省、市、县、乡的四级公立医疗机构远程医疗服务体系。2018年，在国内率先建成覆盖省、市、县、乡四级公立医疗机构、外联国家和省外优质医疗资源的远程医疗服务体系，全省完成远程医疗业务总量23.6万例，远程培训130场15.4万人次；并一次性为所有硬件设备不足的乡镇卫生院配备先进X线成像设备、全自动生化分析仪、彩超等9类数字化医疗设备10689台，数字化预防接种门诊设备1113套，远程视频接入设备1543套。2019年，全省把远程医疗向村卫生室延伸，努力构建省、市、县、乡、村五级远程医疗服务体系，推动远程医疗向公立医院更多的科室延展。自2016年6月实现公立医院全覆盖以来，全省远程医疗服务总量达162万例次，通过远程医疗累计节约医保、群众自付医疗费用及群众外出就医产生的交通、食宿、误工等费用约6.1亿元。

3. 全力实施健康扶贫

2016年12月，贵州省卫生计生委会同省扶贫办等六部门共同印发《贯彻落实〈关于实施健康扶贫工程的指导意见〉的实施方案》，明确了健康扶贫的目标，即到2020年，贫困地区人人享有基本医疗卫生服务，农村贫困人口大病得到及时有效救治保障，个人就医费用负担大幅减轻；重大传染疾病和地方病得到有效控制，基本公共卫生指标接近全国平均水平，人均寿命进一步提高，孕产妇死亡率、婴儿死亡率、传染病发病率显著下降；连片特困地区县和国家扶贫开发工作重点县基层医疗卫生服务条件明显改善，服务能力和

五、民生福祉好起来：织牢全面小康的民生网底

可及性显著提升；区域间医疗卫生资源配置和人民健康水平差距进一步缩小，因病致贫、因病返贫问题得到有效解决。

全面加强县、乡、村医疗卫生服务体系建设，贵州于2019年底实现了健康扶贫"三个三"目标，即每个县至少建有1所二级甲等及以上公立医院且每个专业科室至少有1名合格的执业医师；每个乡镇建成1所政府办卫生院且至少有1名合格的执业（助理）医师或者全科医师；每个行政村有1个卫生服务机构且至少有1名合格的乡村医生。2020年，全省有二级及以上公立医院215个，执业医师36997人；卫生院1370个，执业（助理）医师15446人；村卫生室20265个，合格村医29850人，历史性地消除了贫困地区乡村两级医疗卫生机构和人员"空白点"。

2017年，贵州省正式启动农村贫困人口大病专项救治工作，到2020年将农村贫困人口大病专项救治病种扩大到30种，省、市级定点医院开设"绿色通道"，优先安排大病贫困患者救治。截至2020年底，全省贫困人口中确诊罹患30种大病的有161288人，已救治161234人，救治比例达99.97%，除外出打工和自愿放弃治疗的患者外，做到了应治尽治，为决胜脱贫攻坚发挥了积极作用。

落实落细慢病家庭医生签约服务，在县、乡、村三级医务人员中组建家庭医生服务团队，以建档立卡贫困人口中高血压、糖尿病、肺结核、重症精神障碍4类慢病患者为重点服务人群，按照"应签尽签、应管尽管"原则，为群众提供组团式家庭医生签约服务。截至2020年底，签约并规范服务高血压患者48.28万人、糖尿病患者8.73万人、严重精神障碍患者7.64万人、肺结核患者1.63万人，实现了应签尽签、规范服务，增强了群众的获得感、幸福感。全省县域内定点医疗机构对身份明确的农村贫困患者实行住院"先诊疗

后付费"政策,全面减轻贫困患者的就医压力。

除此之外,贵州结合全省医疗保障工作实际,先后出台30余项医疗保障政策性文件,完成了城乡居民医保整合、医保管理市级统筹、医保药品目录调整、强化医保基金监管等工作,以基本医疗保险为主体、大病保险为补充、医疗救助为托底、商业健康保险共同发展的医疗保障制度体系初步建成。截至2020年5月底,全省参加基本医疗保险人数达4147.91万人。

4. 以最快速度遏制了新冠肺炎疫情蔓延

面对突如其来的新冠肺炎疫情,贵州坚决听从习近平总书记指挥和党中央号令,坚持"人民至上、生命至上",坚持"预防为主、防控为先",快速反应,果断出击,以最快速度遏制了疫情蔓延。

贵州成立以省委书记、省长为双组长,10位省领导为副组长的省疫情防控领导小组,以最高规格、最快速度、最严举措调度全省各项工作。在新冠肺炎确诊病例出现后,贵州果断启动突发公共卫生事件Ⅰ级响应,立即进入应急状态,果断停止农村赶集、灯会、举办酒席等各类聚集活动,最大限度减少人员流动集聚,迅速构建查、防、控、治、保、导六位一体的防控体系。率先对"五类重点人员"全面开展核酸检测,通过大数据技术手段织密监测预警网,迅速阻断传播链条,牢牢掌握疫情防控主动权。2020年,仅用27天就实现本地每日新增确诊病例为零,55天就实现本地病例全部治愈清零,每10万人确诊病例数仅为0.36人。通过统筹布局优质医疗资源,全力提高收治率和治愈率,降低感染率和死亡率,全省确诊病例治愈率达98.6%。

（三）社会保障织牢小康网底

贵州省在贯彻落实国家社会保障制度及各类惠民政策的基础上，结合经济社会发展的阶段性特征和贫困群众的保障救助需求，不断进行地区社会保障和各类惠民政策的制度设计与创新，推进了以扶贫开发、农村低保、临时救助等制度有机融合的兜底扶贫保障体系建设，全面小康的网底逐渐织牢。

1. 低保政策落实机制不断完善

农村居民最低生活保障是政府对贫困人口按最低生活保障标准进行差额救助的新型社会救济制度。这项制度将家庭人均收入低于当地保障标准的居民都纳入保障范围，与传统的社会救济相比，最低生活保障制度在救济范围、救济标准、救济资金、救济程序、管理体制等方面都发生了根本变化。

2007年，贵州省把全面建立和实施农村低保制度列为当年全省"十件大事"之一，5月，省委、省政府先后制定下发了《关于全面建立实施农村居民最低生活保障制度的意见》和《关于全面建立农村居民最低生活保障制度有关问题的通知》，对全省全面建立实施农村低保制度作出具体安排和部署，也拉开了全省范围内全面实施农村低保制度的大幕。为确保低保资金精准保障贫困对象，省政府于2008年下发了《贵州省农村居民最低生活保障申请人家庭收入核算评估暂行办法》，并组织督查组赴各地督促检查低保对象确定情况。2009年，省民政厅会同省统计局、国家统计局贵州调查总队制作了"贵州省农村居民最低生活保障申请人家庭基本情况及收支情况入户调查表"，该表共涉及139项指标，涵盖农户的家庭成员基本情况、家庭财产状况、家庭经营收入、工资收入、转移性收入、财产性收入以及生产生活支出等收支情况，并组织工作组到各地开展调查核实，为全省开展大规模家庭收入核查工作积累了经验、探索了方法。2009年11月5日，省政府召开全省农村低保工作会议，对进一步健全完善农村低保制度进行安排部署，明确提出在全省建立科学规范、公平有效、可持续的农村低保制度。会后，全省各级政府对进一步健全和完善低保制度工作进行专门部署，各地以县为单位，开展科学合理确定农村低保保障标准、农村低保申请人家庭收入核查、以家庭收入为依据确定低保对象等工作。

2010年2月10日，省政府办公厅印发《关于印发贵州省农村居民最低生活保障工作规程（试行）的通知》，确定"三环节、十步骤"（申请核评、审核、审批三个环节；申请受理、调查核实、民主评困、一榜公示、经办机构核查、乡镇政府审核、二榜公示、县级民政部门审批、三榜公示、待遇批准十个步骤）的农村低保对象审核审批流程，严格申请、审核、评议、公示、审批、发放、监督各环节工作程序，及时将符合条件的人员纳入农村低保保障范围，实现以县为单位动态管理下的"应保尽保、按标施保"。为解决低保对象的季节性缺粮问题，2011年4月22日，省政府印发了《关于建立农村低保季节性缺粮户粮食救助制度的通知》，民政厅制定了与之配套的《贵州省农村低保季节性缺粮户粮食救助制度实施办法》。粮食救助制度作为农村低保的特殊分类施保制度，对耕地少、劳动力缺乏、自产粮食不能满足基本口粮且不能通过自身能力或其他途径解决基本口粮的绝对贫困户，按特别困难户、中等困难户、一般困难户进行差别化补助。这项制度得到了中央的肯定。

2012年，贵州省创建低保工作问责机制和低保工作绩效考核

五、民生福祉好起来：织牢全面小康的民生网底

机制。省委办公厅、省政府办公厅于11月印发了《贵州省城乡居民最低生活保障工作党政领导干部问责办法（试行）》，省民政厅随后制定下发了《贵州省城乡低保工作绩效考核办法（试行）》和《贵州省城乡低保工作绩效考评指标体系（试行）》，将国家和省关于低保工作的有关要求整合为五项长效机制，即对象认定机制、低保标准合理调整机制、资金筹集管理机制、监督检查机制和组织保障机制，将考核内容分解细化为收入核查、民主评困、张榜公示、审核审批、标准调整、资金筹集、资金管理、资金发放、监督检查、组织领导、责任分解、能力建设等31个量化考核项目，并采取交叉检查的方式对全省各地的城乡低保工作进行了绩效考核。该做法得到了民政部的充分肯定。

2015年，贵州省先后出台了《贵州省城乡低保减量提标方案》《关于开展社会保障兜底推进精准扶贫的实施意见》《贵州省农村最低生活保障制度与扶贫开发政策有效衔接实施方案》等政策文件，明确提出通过减量提标，到2020年全省农村低保年保障标准与扶贫标准实现"两线合一"，按照"应保尽保、应退则退、按标施保、动态管理"的原则，将脱贫后家庭人均收入超过低保标准的低保对象及时退出保障范围，将无业可扶、无力脱贫的"两无"贫困人口和返贫人口及时纳入保障范围。经过不断的实践探索和制度体系设计，贵州建立起了以收入核查为核心，以民主评议、张榜公示、县乡抽查为基本保障，以家庭经济状况核对为补充的低保对象认定机制，公平、公正、公开认定低保对象，基本构建起了最低生活保障网，力保"两无"贫困人口共享改革发展的成果。据统计，2016年，贵州将符合条件的"两无"贫困人口纳入低保，发放农村低保金63亿元，有效保障了307.3万名农村低保对象的基本生活。

为提高低保保障水平，贵州不断健全低保标准调整和分类施保两项机制。在低保标准调整方面：创建低保标准分区域、划档次调整机制，解决农村低保标准基数小、城乡低保标准差距逐年扩大、城乡低保标准区域差距较大以及部分经济社会发展水平较高地方的低保标准低于经济社会发展水平较低地方的"倒挂"现象等问题。超常规大幅提高农村低保标准，2015年至2017年，全省农村低保平均标准分别提高26.8%、18.2%、15%，全省农村低保标准从2014年的2125元提高到2017年的3580元。2018年，全省农村低保平均标准提高到3908元/年，平均增幅9.1%；城市低保平均标准提高到598元/月，平均增幅6.6%。2020年，全省农村低保平均标准提高到4318元/年，平均增幅5.2%；城市低保平均标准提高到645元/月，平均增幅4.9%。通过健全低保标准调整机制，有力兜底保障无法通过产业扶持和就业帮助脱贫家庭全部实现脱贫，确保其基本生活水平与脱贫攻坚进程和全面小康进程相适应。在分类施保方面：进一步完善低保分类施保政策，建立实施农村低保季节性缺粮户粮食救助制度，形成了补差发放基本保障金、增发特殊补助金、发放救助粮的三道防线，保障困难群众基本生活。

2. 特困人员救助供养能力不断增强

贵州省着眼于完善社会救助体系、编密织牢基本民生安全网，制发《省人民政府关于进一步健全特困人员救助供养制度的实施意见》（黔府发〔2017〕1号），对健全救助供养制度、提升救助供养能力、强化工作保障措施等内容作出了规定。在省政府文件的指导下，各地均制定了具体的实施办法，使特困人员救助供养制度体系不断完善。

五、民生福祉好起来：织牢全面小康的民生网底

"十二五"以来，贵州共投入特困供养机构建设资金24.8亿元，新建和改扩建特困供养机构683所，新增床位6.7万张，使特困人员救助供养的基础支撑能力不断增强。2016年底，贵州集中供养、分散供养年均供养水平分别达8704元、5767元，较上年分别增长13.3%和15.9%，敬老院集中供养率达47%，全国排名第6位；敬老院法人登记率达89%，遵义市、六盘水市、铜仁市、仁怀市登记率实现100%。基本实现"五保"对象老有所养、老有所为、老有所乐。

"十三五"期末，贵州已建成956所特困供养机构、10个省级养老服务示范机构、10个省级养老产业示范园区，社会养老机构运营养老床位达2.4万张，养老服务设施基本实现城乡全覆盖，老年人的获得感、幸福感、安全感显著提升。

3. 医疗救助水平进一步提高

2004年4月，省民政厅、省卫生厅、省财政厅联合印发了《贵州省农村医疗救助实施方案》，要求在全省范围内全面实施农村医疗救助制度，并明确救助对象、救助标准和救助资金来源。2006年"中央一号文件"《中共中央国务院关于推进社会主义新农村建设的若干意见》提出，国家将积极推进新型农村合作医疗制度试点工作，2008年，在全国农村基本普及新型农村合作医疗制度。至此，农村形成了以新型农村合作医疗为基础、医疗救助为补充的医疗保障体系。

新型农村合作医疗制度是针对全体农村群众而言的普惠型医疗保障制度。对贫困群众而言，还可受惠于政府基本医疗救助网的编制。2008年5月，贵州省制定并下发了《关于进一步加强城乡医

疗救助制度的通知》，对扩大城乡医疗救助范围、提高救助水平、提供方便快捷服务、加大资金投入、加强与有关医疗保险制度的衔接等方面提出明确要求，城乡医疗救助制度在全省范围内全面实施。贵州省民政厅、财政厅、卫生厅、人力资源和社会保障厅于2010年12月联合印发了《关于进一步规范完善城乡医疗救助制度的实施意见》，对救助范围、救助方式、救助标准、救助程序、资金投入和管理以及医疗救助工作的组织领导作出明确规定。2011年，贵州省进一步修订完善了医疗救助方案，逐步取消起付线，提高救助封顶线和救助比例，将低收入家庭中的老年人、重病或重残的人员纳入救助范围。通过推行一站式医疗费用结算服务，开展医疗救助示范创建活动等措施进一步健全完善医疗救助制度，充分发挥城乡医疗救助制度在脱贫攻坚中的重要作用。

2011年9月4日，贵州省印发《关于深入推进医疗救助制度建设加强医疗救助资金监管的通知》，要求各地严格把握医疗救助范围，明确医疗救助标准，规范操作流程，加强监督管理，确保资金安全运行。2012年5月4日，贵州省转发了中央四部委《关于开展重特大疾病医疗救助试点工作的意见》，并结合贵州实际制定了相关实施方案，正式启动了全省重特大疾病医疗救助试点工作。2013年，全省医疗救助范围扩大到城乡低收入家庭老年人、重病、重残人群以及艾滋病患者和艾滋病机会感染者，医疗救助水平逐步提高。2014年2月14日，省民政厅制定下发了《关于认真解决当前医疗救助工作存在问题的通知》，要求坚持保基本、保重点、保大病的原则，筑牢医疗保障底线，合理设置低收入家庭和支出型贫困家庭医疗救助条件，确保困难群众享受基本医疗卫生服务。

为进一步建立完善基本医疗保险、大病保险、医疗救助的三重

五、民生福祉好起来：织牢全面小康的民生网底

医疗保障体系，切实提高农村贫困人口医疗救助保障水平，贵州省于2015年10月16日制定下发了《关于提高农村贫困人口医疗救助保障水平 推进精准扶贫的实施方案》，对医疗救助保障对象范围、资助参合（保）对象、基本医疗保险补偿政策、大病保险报销政策、民政医疗救助整合和医疗救助保障结算等作出了明确的规定。三重医疗保障体系的建立，整合了城乡医保、大病保险、医疗救助等各类医疗保险资源，为患有大病的城乡贫困家庭编制了三道救助网。

截至2016年6月底，全省已识别和认定健康扶贫对象392.1万人，占全省农村贫困人口的79.53%。精准实施三重医疗保障，确保全省11类人群政策范围内医疗费用实际补偿比达到90%以上，其中的重大疾病患者、特困供养人员、最低生活保障对象中的长期保障户、80岁以上老人等重点人群的报销比例达到100%。对11类人群中贫困程度相对更深的特困供养人员等4类人群由民政部门和卫计部门分别给予全额资助参合，对最低生活保障家庭成员等2类人群由民政部门分别给予人均不低于30元和10元的标准资助，确保11类人群全部纳入新农合覆盖范围，全省新农合参合率达到99.26%，其中493万贫困人口实现100%全覆盖，为贫困人口享受医疗兜底政策奠定坚实基础。建立卫计、民政、人社、保险、定点医疗机构协调统一的高效运行机制，民政、卫计等部门采取资金预付方式，以新农合信息平台为基础，实施一站式即时结报和资金兑付"一卡通"，方便贫困群众及时报销医疗费用，有效解决报销环节杂、多头跑、垫资难问题。截至2016年6月底，全省通过三重医疗保障累计惠及40.44万人次，补偿费用7.92亿元，为贫困群众多报销医疗费用约1.56亿元，合规医疗费用实际补偿比例达到93.6%。

2017年,贵州省下发《贵州省进一步完善医疗保障机制助力脱贫攻坚三年行动方案(2017—2019年)》(以下简称《行动方案》),提出要进一步完善医疗保障机制,提升建档立卡农村贫困人口医疗保障水平。《行动方案》明确,2017年全面落实基本医疗保险、大病保险、医疗救助、医疗扶助配套衔接的四重医疗保障制度,全面对罹患儿童先天性心脏病等13种大病的建档立卡农村贫困人口实施集中救治;全面对罹患36种慢性疾病的建档立卡农村贫困人口实施健康管理。

贵州不断完善医疗救助和临时救助体系,有效发挥了医疗救助在"四重医疗保障体系"中的第三道防线作用,全面开展重特大疾病医疗救助工作,将建档立卡贫困人口全部纳入重特大疾病医疗救助范围,救助标准较大幅度提高。

4. 社会福利事业进一步发展

从2010年开始,贵州就把包括社会散养孤儿在内的全省范围内的孤儿、受艾滋病影响儿童全部纳入基本生活保障范围。不断加强儿童福利服务设施建设,实施孤残儿童手术康复"明天计划"、福利彩票"温暖贵州""希望之旅"、儿童福利机构"阳光助力计划"等系列公益项目,提高孤残儿童救助水平。设立贵州省留守儿童、困境儿童关爱救助保护工作领导小组办公室,大力开展以"四个精准"(即精准识别关爱对象、精准确定关爱内容、精准落实关爱责任、精准制定关爱措施)为主要任务的农村留守儿童、困境儿童关爱救助保护工作,实施以"合力监护、相伴成长"为主题的关爱保护专项行动等,使留守儿童监护缺失、监护薄弱和关爱缺位的现象得到有效扭转。建立留守儿童、困境儿童信息动态管理系统,开展"接送流浪孩子回家"专项行动，探索以"监测预防、发现报告、评估帮扶、监护干预"等为核心的未成年人社会保护工作新路。

广泛开展形式多样的慈善法规和慈善文化宣传活动，动员和引导更多人自觉依法投身慈善事业。到2021年底，全省已登记、认定的慈善组织198家，实名注册志愿者688万人，志愿团体4.4万个，志愿服务时长超1.28亿小时，为推动全省慈善事业健康发展作出了积极贡献。

5. 临时困难救助能力进一步提升

临时困难救助主要包括自然灾害救济和临时救助。由于贵州特殊的地理条件和气候环境，灾害种类多，分布地域广，发生频率高，造成损失大，贵州的防灾减灾工作一直在解决问题中不断探索新路，逐步推动防灾减灾体系的建设。

贵州的救灾救济工作，经历了由"单一的救济"变为"救灾与社会保险相结合"的过程。在"单一救济"时期，面对自然灾害，各级政府采取的是"依靠群众，依靠集体，生产自救，互助互济，辅之以国家必要的救济和救助"的救灾工作方针。进入"救灾与社会保险相结合"的救助阶段后，政府采取动员农民积极参加社会保险，对无力支付保险金的贫困户，由民政部门垫支，一旦发生天灾人祸，由保险公司负责赔偿，使有限的救灾经费发挥更大的救助效益。同时实行救灾与扶贫相结合，用部分救灾经费扶持贫困户发展生产、脱贫致富，增强防灾抗灾能力。

在整个灾害救济过程中，坚持救灾分级管理、救灾经费分级负责的责任制，强化自然灾害救济费管理，实行救灾款物发放工作的"政策公开、救灾对象公开、救灾标准公开、救灾数量公开、张榜公布、接受群众监督"的原则，使有限的救灾款物都用到灾区和灾民身上。随着各项防灾、减灾、救灾机制的建立完善，贵州防灾、减灾、救灾事业迅速发展。一是自然灾害监测预警体系逐步建立。完成并不断加强气象、水文、林业、地质等灾害预警预报或监测预警评估系统建设，全省灾害预警监测网络日趋完善。二是防灾减灾信息管理与服务能力进一步提高。部门间灾情信息联通机制逐步完善，灾情报送的及时性、准确性和规范性不断提高，服务决策的能力进一步增强。三是扎实开展自然灾害风险管理。在各重点地区重大地质灾害隐患点建立监测点，指定监测责任人，完善自然灾害风险数据库，自然灾害风险管理能力进一步加强。四是自然灾害工程防御能力进一步增强。五是区域和城乡基层防灾减灾能力进一步提升。城乡交通、电力、通信、供排水等基础设施抗灾能力和各类防灾减灾的基础设施建设不断增强。六是自然灾害应急处置与恢复重建能力增强。建成自然灾害灾情管理系统、防汛抗旱指挥系统、省级地质灾害监测预警预报与决策支撑平台、山洪灾害监测预警平台、农情系统、森林防火信息指挥系统、移动气象应急指挥系统、国家通信网应急指挥调度平台贵州指挥中心、贵州电网有限责任公司应急指挥中心等灾害应急指挥系统，基本形成了统一指挥、抢险救灾的协同联动机制。

在临时救助方面，2007年6月，民政部下发了《关于进一步建立健全临时救助制度的通知》，要求切实解决城乡困难群众因临时性、突发性原因导致的基本生活困难问题。2009年1月，贵州省《政府工作报告》明确提出要"建立健全临时救助制度，帮助低保边缘群体、低收入群体解决特殊困难"。根据省人民政府的安排，

五、民生福祉好起来：织牢全面小康的民生网底

各级民政部门在规范完善城乡低保制度的同时，建立临时救助制度。确定救助对象为如下几类：一是家庭成员中有人患危重疾病，在领取各种医疗保险、新型农村合作医疗保险、城镇居民基本医疗保险、医疗救助报销和其他社会帮困救助资金后，因个人负担医疗费数额较大，直接导致家庭基本生活难以维持的；二是家庭成员中有人遭遇车祸、溺水、矿难等人身意外伤害，在领取各种赔偿、保险、救助补助资金后受害者家庭基本生活难以维持的；三是因火灾等突发意外事件，造成家庭财产严重损失，导致家庭基本生活暂时难以维持的；四是因支付子女或法定赡养人非义务教育阶段教育费用，导致家庭基本生活难以维持的；五是其他临时特殊原因造成家庭生活特别困难的城乡困难家庭，经其他救助措施帮扶后，基本生活仍然难以维持的。临时救助的资金来源为：一是以政府财政资金投入为主，鼓励和引导社会力量和个人出资出力；二是各级民政部门从留存的福利彩票公益金中安排一定比例资金；三是省级财政对各地给予适当补助。"十三五"期间，贵州临时救助制度实现了全覆盖，"救急难"机制率先全面建立。全省共对1.07万例生活陷入困境、生存面临危机的急难家庭实施急难救助，支出急难救助资金1.86亿元。

6.养老保险能力持续增强

1992年，贵州省人民政府根据国务院相关文件精神，印发了《关于开展农村社会养老保险工作的通知》，决定在息烽、福泉、花溪等10个县（市、区）开展农村社会养老保险试点工作，在我国已基本形成的以家庭养老、土地保障为基础的农村养老模式的基础上，探索更加健全的农村社会养老模式。2009年6月，国务院决定在全国10%的县开展新型农村社会养老保险制度试点工作，贵州省

有11个县获批全国新农保试点县，并成立了工作领导小组推动试点工作的开展。2010年12月3日，省人民政府印发了《关于开展新型农村社会养老保险试点的意见》，明确新农保试点的基本原则是"保基本、广覆盖、有弹性、可持续"；从农村实际出发，低水平起步，筹资标准和待遇标准与经济发展及各方面承受能力相适应；个人（家庭）、集体、政府合理分担责任，权利和义务相对应；政府主导和农民自愿相结合，引导农村居民普遍参保；新农保基金由个人缴费、集体补助、政府补贴构成，实行社会统筹与个人账户相结合，与家庭养老、土地保障、社会救助等其他社会保障政策措施相配套，保障农村居民老年基本生活。2010年初，经国务院批准，贵州新增湄潭、西秀等10个县（市、区）纳入试点；10月，又有清镇、都匀等县（市、区）被列入国家扩大试点县。2011年，新农保试点工作取得突破，贵州新增试点县52个，总数达到73个，纳入国家新农保试点的覆盖面居全国前列。

2014年2月，国务院下发《关于建立统一的城乡居民基本养老保险制度的意见》，在总结新型农村社会养老保险和城镇居民社会养老保险试点经验的基础上，决定将两项制度合并实施，在全国范围内建立统一的城乡居民基本养老保险制度。至"十二五"期末，在全国基本实现新农保和城居保合并实施，并与职工基本养老保险制度相衔接。2016年7月，贵州省出台了城乡居民基本养老保险一次性补缴政策，明确对已领取养老保险待遇的人员，按自愿原则可一次性补缴费用增加个人账户积累，提高待遇水平。

"十三五"期末，贵州城镇职工和城乡居民基本养老保险参保率达90%以上，城乡居民基本医疗保险参保率达95%以上。社会保险、社会福利、社会救助等社会保障制度和慈善事业有效衔接，

五、民生福祉好起来：织牢全面小康的民生网底

老年人生活、医疗、护理和精神文化等基本需求得到切实保障。建立健全以居家为基础、社区为依托、机构为补充、医养相结合的多层次养老服务体系。全省每千名老年人拥有养老床位达到35张，其中护理型床位比例高于30%；政府运营的养老床位数占当地养老床位总数的比例不超过50%。

六、治理能力强起来：构筑全面小康的治理体系

　　加强和创新社会治理，全面推进社会建设，是实现全面建成小康社会目标的重要任务和内在要求。贵州省在改革发展中不断激发人民群众自力更生、艰苦奋斗的内生动力，形成有效促进政府、市场和社会力量共同参与的多元共治模式，不断提升对全面建成小康

六、治理能力强起来：构筑全面小康的治理体系

社会目标任务的认同度和参与度，充分调动人民群众创造美好生活的不竭动力，形成全面建成小康社会的治理合力。

（一）加强政府行政效能建设

"行政效能"就是指国家机关及工作人员为实现其管理目标，从事公务活动时，发挥功能的程度及其产生效益、效果的综合体现，是政府进行社会治理、实施公共服务的综合能力，也是区域发展核心竞争力的重要组成部分。提高行政效能是政府建设的终极追求，中国共产党领导人历来重视行政效能的提高。早在1941年11月，民主人士李鼎铭先生向中共中央提出了"精兵简政"的建议，

贵州不断加强和创新社会治理，全面推进社会建设，为全省经济社会发展创造了良好环境。图为贵阳城区新貌

同年12月，中共中央发出"精兵简政"的指示，要求切实整顿各级组织机构，精简机关，"提高效能"。1942年12月，毛泽东在陕甘宁边区高级干部会议上发表讲话指出："在这次精兵简政中，必须达到精简、统一、效能、节约和反对官僚主义五项目的。"江泽民在党的十五大报告中也明确指出，机构改革必须根据"精简、统一、效能"的原则进行。2000年，时任福建省长的习近平再次强调政府机关要坚持"马上就办"，倡导和推动机关效能建设，并亲自担任省机关效能建设领导小组组长，在全国率先推进服务型政府建设。2013年7月24日，习近平在主持召开部分省、市负责人座谈会时强调，要进一步提高宏观调控水平，提高政府效率及效能。

全省上下深入贯彻落实党中央、国务院关于深化行政审批制度改革的一系列重要决策部署，紧紧围绕理顺政府与市场、政府与社会的关系，将简政放权作为深化行政审批制度改革、转变政府职能的"当头炮"，通过建体系、减权力、谋创新、优服务的方式，极大激发了市场活力和社会创造力，为加快推进政府治理体系和治理能力现代化、助推全省经济社会发展创造了良好环境。

1. 强化组织领导，推动行政审批体系化

省委、省政府高度重视深化行政审批制度改革有关工作，省政府主要领导每年召开深化"放管服"改革会议，专题研究行政审批目标任务和工作措施。成立了以省政府常务副省长为组长、省政府所有副省长为副组长的省协调小组，下设精简行政审批组，专门负责推进此项工作。省政府分管领导统筹谋划、周密部署、强力推动，抓具体抓深入，通过持续推进减权放权、大力打造标准审批、建立健全清单制度等改革，不断优化营商环境，降低制度性交易成

本，全方位打造行政审批减量化、规范化、便民化、快捷化服务体系。省级政府网上政务服务能力连续4年位居前列。根据国务院办公厅政务公开第三方评估显示，贵州"'全省通办、一次办成'创新经验为全国一体化平台建设典型标杆，网上政务服务头雁示范效应凸显"。

2. 深化简政放权，推动行政审批减量化

贵州将精简审批事项作为深化行政审批制度改革突破口。一是强化依法减权。省级行政许可事项由2013年的357项减少到2020年的265项，减少了25.8%；非行政许可事项全部取消；清理取消59项贵州自行设定的行政许可事项，省级行政许可和行政权力事项为全国较少省份之一。截至2020年底，省级行政许可事项数排西部第4位、全国第7位，省级行政权力事项数排西部第3位、全国第5位。二是强化精准放权。着力推动"靶向放权"，激发发展内生动力和活力。向贵安新区、贵阳高新区、贵阳综合保税区等各类开发区下放行政管理事项261项；向黔南、黔东南、黔西南等少数民族自治州下放经济社会管理事项30项；赋予行政管理体制改革试点乡镇行政管理事项195项，进一步扩大经济开发区等特殊区域社会管理权限。三是强化清理减量。在全省范围开展变相审批和许可、重复审批和不必要审批两个专项清理整治工作，发现并整改问题8个。严格落实国家关于推进"证照分离"的改革要求，将100项涉企证照事项通过直接取消审批1项、审批改为备案1项、实施告知承诺19项、优化准入服务79项，着力解决准入不准营问题。明确无法律法规规章依据的中介服务事项不得作为行政审批受理条件，省直单位行政审批中介服务事项由138项减少到55项，

大幅减轻企业负担。

3. 加强规范用权，推动行政审批规范化

以规范权力行使为着力点，优化行政权力运行。一是大力推进地方标准建设。研究制定行政许可流程规范、服务规范等省级地方标准，大力构建"五位一体"（事项、流程、服务、受理场所建设与管理、监督检查评价）的行政许可标准化体系。二是大力推行权责清单制度。认真抓好清权、减权、制权、晒权四个关键环节，全面公布省、市、县、乡四级行政权力清单和责任清单，制定《贵州省权力清单和责任清单管理办法》，建立健全权责清单动态调整和集中调整机制，有力遏制变相审批、重复审批、擅自增设权力等违规行为。三是公开权力运行流程图。通过编制公布行政权力的运行流程图，规范细化每一项行政权力运行流程，明确每个环节的承办机构、办理要求、办理时限、监督方式等，实现权力清单中的事项件件有流程、事事有责任。

4. 创新审批模式，推动行政审批快捷化

以创新审批模式为发力点，推进审批项目快速落地。一是项目审批再提速。如省能源局通过取消8项审批事项、8项合并为4项、2项改为告知性备案等方式，推动煤矿建设、改造升级项目审批时限从国家明确的581个工作日减少到80个工作日，压减86%；贵阳高新区通过成立行政审批局，分类设置综合审批处室和服务窗口，审批部门由10个整合为1个，审批接件受理窗口由20个整合为7个，审批时限压减78%。二是项目落地再提速。仁怀市探索开发区工业项目"拿地即开工"审批模式，"拿地前"突出能办则办，

"拿地中"突出能并则并,"拿地后"强调能快则快,流程重塑后,企业从跑15家单位变成跑3个综合审批窗口,审批事项从38项减为11项,工业项目在取得土地手续后5个工作日内可获开工所需证照批文,报建周期缩减30%。贞丰县推行项目选址联合踏勘并联审批,用提交一张表格代替过去向多个部门重复提交全部申请资料,采取一次性踏勘多个项目、一个项目多部门同时踏勘及7个工作日内完成现场踏勘和结论出具的工作模式,开展踏勘项目130个,累计节约办事时间2000余天,节约办事成本100余万元。三是企业开办再提速。2020年,贵阳市率先将企业开办涉及的营业执照办理、公章刻制、发票和税控设备申领、员工参保登记、住房公积金企业缴存登记5个事项纳入"一网通办"平台办理,推动企业开办时间压缩至1个工作日,较全省平均时间压减50%,较国家要求时间压减75%。

5. 统筹线上线下,推动行政审批便民化

以提升审批服务效能为落脚点,大力推进"互联网+审批"服务,最大限度方便企业和群众办事。一是大力推进"一门通办"。2014年以来,全省累计投入50亿元新建、扩建政务服务大厅,取消部门分厅300多个,推进行政审批事项"一门通办"。截至2020年底,全省105个政务中心已完成标准化建设,行政审批从过去分散办、暗箱办、拖拉办转变为现在的集中办、公开办、限时办。二是大力推进"一网通办"。通过省级统筹,建成覆盖省、市、县、乡、村五级的贵州政务服务网,截至2020年底,省、市、县三级政务服务事项实现100%网上可办,网办量从2019年的2434万件上升至2020年的8311万件,增长241%。省、市、县三级4100多个部门、

全面建成小康社会 贵州全景录

贵州大力推进"一网通办",建成覆盖省、市、县、乡、村五级的政务服务网

1500个乡镇、1.7万个村通过贵州政务服务网发布信息、提供服务,实现应上尽上。61个自建业务系统与贵州政务服务网互联互通。承担国务院办公厅"互联网+政务服务"等国家部委试点示范任务9项,打通国家市场监管总局、民政部、文化和旅游部等24个部委系统,实现门户、用户、事项、证照、印章等"统一"。三是大力推进"全省通办、一次办成"改革。以系统通、数据通、业务通促进线上线下深度融合,推动跨部门、跨地区、跨层级审批服务建设,打造"标准统一、异地受理、远程办理、协同联动"的"全省通办、一次办成"政务服务新模式。全省行政许可事项承诺时限压缩70%以上,实际办理时限减少81.8%,单一事项平均申请材料不足3份。

6. 开展投资软环境专项整治

贵州牢固树立"人人都是投资环境、事事关系招商引资"的理念,以"三个建设年"活动为抓手,营造"亲商、爱商、安商、敬商"

六、治理能力强起来：构筑全面小康的治理体系

的良好环境。系统清理不适应对外开放的政策文件，规范外来投资服务办法和程序，消除地方保护主义；强化中介服务机构监管，规范执业行为。

建立健全市场主体信用体系，及时曝光和严厉查处损害投资者合法权益的行为。大力推进"诚信贵州"建设，建立和完善全省互通的企业征信、个人征信和信贷征信体系。

取消不合理的投资准入前置条件和涉企收费，落实国家鼓励与支持外商投资的各项优惠政策，改善外汇管理服务，简化外商投资企业结汇手续，建设外资项目网上集中审批平台。与中央企业建立更加紧密的战略合作机制，为央企在贵州发展提供更好服务。

贵州围绕"放管服"改革要求，深入开展产业大招商和营商环境专项整治工作，协同推进"三十四证合一"、"证照分离"、简易注销、登记全程电子化、工业产品许可证等改革措施，全力降门槛、减事项、优流程、压时限，为企业"松绑"、给市场"腾位"，市场主体开办服务实现从线下到线下线上并行、从各自办到协同办、从多次跑到跑一次的"三个转变"，推动了全省营商环境的不断优化。在贵阳市观山湖区、南明区等地初步形成了"办证不打烊、服务不间断、受理不下线"的食品经营许可智慧审批新模式。在国务院第五次大督查开展的营商环境7项重要指标调查中，贵州开办企业指标分值为86.1，排全国第12名；企业开办时间为7.6天，排全国第8位，已完成国务院规定的11天的目标任务。根据厦门大学中国营商环境研究中心的报告显示，贵州持续不断地加大营商环境改革力度，2019年度营商环境排名相当于全球190个经济体的第58位，较上年度上升21位。

（二）健全基层社会治理体系

为了更好地服务群众，贵州省积极落实国家政策方针和相关要求，在资金和政策上进行有效保障，积极推进社区公共服务设施建设。夯实基层基础，激发社会活力，为基层治理体系和治理能力现代化奠定坚实基础。

1. 加强基层党组织建设

贵州坚持党的全面领导，把加强党的组织体系建设摆在更加重要的位置，坚持强基固本、担当作为，以提升组织力为重点，突出政治功能，着力健全基层党组织，优化组织设置，理顺隶属关系，创新活动方式，不断扩大组织覆盖面和工作覆盖面，推动各领域基层党组织全面进步、全面过硬，为全面建成小康社会积蓄组织力量。

全省各级党组织充分发挥政治建设统领作用，旗帜鲜明讲政治抓政治，以党员活动室、红色教育基地、新时代文明实践站等为教育载体，加强和改进党员经常性教育，不断丰富党员教育内容体系。将学习贯彻习近平新时代中国特色社会主义思想作为中心内容，深入推进党史学习教育和"牢记殷切嘱托、忠诚干净担当、喜迎建党百年"专题教育，引导全省党员干部衷心拥护"两个确立"、忠诚践行"两个维护"，让忠诚核心成为贵州党员干部最鲜明的政治品格。

对标中央要求，整体推进各领域基层党组织队伍建设、制度执行、按期换届程序、支部及委员职责、保障配套等规范化、标准化建设，推动全面从严治党向基层延伸，党员队伍活力持续增强，基层党组织组织力全面提升。从2019年起，贵州实施全面提升基层

六、治理能力强起来：构筑全面小康的治理体系

黔南州龙里县新时代文明实践中心党员志愿者深入社区收集群众诉求

党建质量三年行动计划，发布《关于推进全省党支部标准化规范化建设的实施意见》及13个领域和群体党支部建设标准，把党支部规范达标作为夯实基层基础的重要切入点和着力点，根据不同领域和行业基层单位实际，细化农村、社区、国有企业、高校、事业单位、公立医院、机关等13个领域和群体党支部标准化、规范化建设要点，使每个党支部建有标尺、抓有方向、评有依据。持续深入推进作风建设，将党风廉政建设和反腐败斗争贯穿于日常工作中，推动落实中央八项规定及其实施细则精神常态化、长效化，坚持不懈纠治"四风"，坚持不懈反腐倡廉，锤炼忠诚干净担当的党组织。

把选优配强"两委"班子特别是村党组织书记作为重中之重，从政策待遇、工作环境、激励措施等多方面发力，培养选拔一支政

治过硬、善抓产业的村党组织书记队伍。选派驻村第一书记和驻村干部接续驻村帮扶，不断增强基层党组织战斗堡垒作用。

2. 推进城乡社区建设

2009年10月，贵州建立了城乡社区建设联席会议制度，省、市、县均成立社区建设指导工作机构。各地不断加强城乡社区综合服务中心建设，自2013年以来，贵州采取以奖代补的方式每年下拨3000万元资助城乡社区建设，共下拨2.7亿元提档升级村级综合服务设施。2021年全省城乡社区综合服务设施已实现全覆盖，农村社区综合服务设施覆盖率已达到100%，城市社区综合服务设施覆盖率达到100%。以社区服务中心（站）为主体、各类专项设施为配套、服务网点为补充、室内外设施相结合的服务网络已经形成。

各地依托县（市、区）、街道（乡、镇）、社区三级社区综合服务设施，积极开展了面向全体社区居民的劳动就业、社会保障、社会救助、社区养老、医疗卫生、计划生育、文体教育、社区安全、流动人口服务管理、矛盾纠纷调解、法律援助、特殊人群服务管理等服务，在农村社区还有针对性地开展了农技推广、科学普及、饮水安全等服务项目，优先满足老年人、残疾人、未成年人、低保户、优抚对象、下岗职工、农民工等社会特殊群体的需求，基本实现了政府基本公共服务在全省城乡社区的全覆盖。

坚持本地培养和对外选聘相结合，加大政策扶持力度，建设一支以社区党组织和社区自治组织成员为骨干、社区专职工作人员为重点、社区志愿者为补充的社区服务人才队伍，提升社区开展脱贫攻坚的战斗保障能力。贵州绝大多数村（居）建立了基层协商制度，形成协商主体广泛、内容丰富、形式多样、程序科学、制度健全、成效显著的社区协商新局面；持续开展村规民约示范村创建工作，2020年底，全省已命名1323个村规民约示范村。

积极推进社区公共服务的"一站式"服务机制，整合服务资源，优化人员结构，精简服务流程，增强服务能力，逐步实现政府行政管理和村（居）自我管理的有效衔接和良性互动。出台了《贵州省村民代表会议议事规划》《关于进一步规范村务监督委员会建设的意见》《贵州省村务公开办法》《贵州省村级重大事项议事暂行规定》等文件，为实现村民自治、动员和组织村民参与脱贫攻坚、发挥村民在脱贫攻坚中的主体作用提供了政策支持。

创新推进"一中心一张网十联户"机制建设，"一中心"指县乡村综治中心，"一张网"指城乡社区网格，"十联户"是将相对集中居住的村（居）民按照十户左右标准划分联防联治服务单元。2019年上半年，全省实现县（市、区）、乡（镇、街道）、村（居、社区）三级综治中心全覆盖，为把贵州建成全国最平安的省份之一奠定了坚实基础。将城乡社区科学划分为若干个网格，将党小组建立在网格上，每个"十联户"挑选配备联户长，普遍形成"党小组＋网格员＋联户长"基层治理"铁三角"，将社会治理触角延伸到每栋楼宇、每户家庭，进一步做实精细化服务管理，走出了一条夯实基层基础、符合贵州实际的基层社会治理新路。

3. 加强社会组织建设

贵州省积极促进社会力量协同发力和公众积极广泛参与，支持和鼓励多元主体参与社会治理工作，改变过去大包大揽的做法，积极构建多元主体共联、多元平台共建、多元组织共商、多元资源共享、多元服务共担的新型治理体系。深入推进社区社会组织培育发展，截至 2021 年 3 月，全省 824 个易扶区培育发展社区社会组织 6238 个，全省培育社区社会组织 1.69 万个。全面推进社会组织"邻里守望"关爱行动，引导 2638 家社会组织，围绕关爱特殊群体、回应群众关切、推进平安建设、丰富群众精神文化、实施乡村振兴办实事，受益群众 367 万人次。

（三）激发市场主体发展活力

1. 推动国有企业改革

贵州国有企业投资主体单一、机制不活、实力不强、抵御风险能力弱。据统计，1997—2011 年，全省规模以上工业增加值增长指数累计 679.1，国有及国有控股工业企业增长指数仅为 414.6，相差 264.5 个点。贵州省认真贯彻落实中央关于国有企业改革的部署要求，牢牢抓住供给侧结构性改革这条主线，围绕推动国有企业实现高质量发展，进一步深化国企改革、强化完善国资监管、全面加强党的建设，不断增强国有经济活力、控制力、影响力和抗风险能力，努力推动国有资本做强、做优、做大。

推动国有企业建立现代企业制度和治理结构。具体而言，主要开展了三个方面的工作。一是完善企业制衡机制。按照公司法和公司章程，调整充实了部分企业董事会、经理层、监事会组成人员，选拔了一批优秀人才进入监管企业。二是全面推进"党建入章"。组织企业对集团公司及分、子公司章程进行修订和完善，省国资委 19 户独资、控股企业集团层面全部完成"党建入章"，19 户企业下属 258 户子企业完成率 100%。修订后的公司章程普遍明确界定

六、治理能力强起来：构筑全面小康的治理体系

了企业治理主体职权边界，对发挥党委的领导核心作用和企业党建工作作了明确规定，进一步细化和明确了落实和维护董事会行使重大决策、选人用人、薪酬分配等权力，保障了经理层经营自主权，形成了有效的制衡机制。三是推进规范董事会建设试点。健全和完善董事会机构设置和运行制度体系，促进企业董事会规范运行和自身建设，进一步提高董事会决策效率。积极探索外部董事制度，向企业派出了外部董事，建立外部董事人才库。派出的外部董事较好地履行了职责，充分体现了出资人的意图，促进了企业科学决策。四是深化企业"三项制度"改革。积极探索市场化选聘经理人试点，结合实际制定下发了《关于进一步深化监管企业劳动用工和收入分配制度改革的实施意见》等规定，修订完善了《贵州省国资委监管企业负责人薪酬管理办法》，进一步强化了负责人薪酬分类管理机制，完善了差异化薪酬分配办法，规范了企业负责人薪酬分配。出台了《省人民政府关于改革国有企业工资决定机制的实施意见》（黔府发〔2019〕1号），修订完善了《贵州省国资委监管企业工资总额预算管理暂行办法》，进一步完善职工工资能增能减的薪酬分配机制。

按照市场化、法治化要求，着力推进企业债转股工作，帮助企业降杠杆、减负债。结合中央《关于加强国有企业资产负债约束的指导意见》要求，对监管企业资产负债率水平实行分类监督和管控。通过扩大倒贷资金池规模、建立工业及国企绿色基金、推进产业结构调整基金、盘活低效无效资产、实施托管、退城进园等措施，推动困难企业改革脱困和转型升级。围绕调整产业布局、优化资本结构、推动转型升级等实施创新驱动战略，在增加研发投入、人才引进、搭建平台、科技成果转化等方面加大工作力度，着力促进企业转换

动力、提高核心竞争力。先后下发了《省国资委关于开展监管企业重组整合工作的通知》《关于监管企业缩短产权链条压缩法人管理层级工作的指导意见》等文件，通过压缩管理层级，减少了法人单位，降低了经营成本，提高了经营效益。围绕优化国有资本布局，发挥国有资本的引领和带动作用，在能源、大数据、金融、航空、物流、旅游、林业、农业等关键领域，加大资源整合力度，强力推进战略重组，打造对高质量发展有支撑作用的大企业集团。剥离国有企业办社会职能和解决历史遗留问题，减轻企业负担。

针对国资监管中存在的突出问题，制定下发了《关于加强和改进全省国资国企监管工作的指导意见》，结合实际制定了领导班子及其履职监管、系统党的建设、规划投资管理、债权债务监管、参股企业管理、财务监管、生产经营监管、重大经营风险管理、信息化监管、企业功能界定与分类十大监管机制，为全省国资国企监管工作立标准、定规矩。按照"放、管、服"的要求，围绕以管资本为主，制定了监管权力清单和责任清单，通过取消下放、合并压缩的方式，使监管职能边界更加清晰、监管权责更加一致、上下运转更加高效。加强监事会监督，督促企业抓好监事会监督检查报告中反映问题的整改。成立巡察工作机构，加强企业巡察，对发现的问题督促企业限期整改。结合企业战略性重组，制定下发了《关于在国有企业战略重组中加强监管维护稳定防止国有资产流失的紧急通知》，要求涉及战略重组的企业采取有效措施防止国有资产流失，对"三重一大"实行每日一报制度。强化参股企业监管，将派出人员履职情况、项目投资、财务状况、战略规划等纳入重点监管内容，全面维护出资人权益，推动参股企业融入贵州经济发展大局。

六、治理能力强起来：构筑全面小康的治理体系

2. 支持民营企业做大做强

2013 年，省委、省政府专门印发了《贵州省提高民营经济比重五年行动计划（2013—2017 年）》。全面落实放宽民营企业市场准入的政策措施，全面排查、系统清理各类显性和隐性壁垒，保障民营企业依法平等使用资源要素、公开公平公正参与竞争、同等受到法律保护。在宽松、开放的政策环境下，贵州民营企业发展势头强劲、转型升级加快、质量效益提升、综合实力增强，挑起了带动全省经济社会发展的大梁，成为推动创新创业、促进经济社会发展的重要主体。

2010 年，贵州非公有制经济占全省经济总量比重仅为 35%，而当时全国这一比重已过半。2017 年全省民营经济实现增加值

民营经济成为推动贵州经济发展、创业就业、改善民生的重要力量。图为 2021 全国优强民营企业助推贵州高质量发展大会暨 2021 年贵商大会现场

7201.68亿元，比上年增长13.2%，占全省地区生产总值的比重为53.2%，对经济增长贡献率达69.2%。民营经济增加值在全省一、二、三次产业中的占比分别为56.6%、53.8%和51.5%，其中，在全省二、三次产业中的占比分别比2016年提高0.7和2.2个百分点。

2012—2017年，各市（州）民营经济均以20%以上的年均（名义）增长率快速增长。其中，安顺、黔南、黔西南等民营经济排名靠后的市（州）以年均（名义）增长率分别高于全省1.7、3.5和8个百分点的速度奋起直追，各市（州）民营经济发展差距呈现缩小趋势，民营经济在地区之间发展不均衡的格局正在逐步扭转。2018年，在全面巩固《贵州省提高民营经济比重五年行动计划（2013—2017年）》实施所取得成效的基础上，继续以促进民营经济做大总量与提升质量为目标，聚焦民营企业最关注的产业发展、税费改革、供地政策、金融环境等方面深化改革，加强产业政策引导，着力破解用地难题，降低用工成本，减轻税费负担，优化融资环境。推动民营经济做大规模、做优结构、做强实力，成为引领全省经济转型发展、后发赶超的重要引擎。2018年12月28日，贵州召开了民营经济发展大会，决定通过"政策落实专项行动""领导干部联系服务企业专项行动""扩大民间投资专项行动""降本减负专项行动""营商环境整治专项行动""金融服务专项行动"六大专项行动，支持民营企业解决融资难题，营造良好金融环境；支持民营企业降本减负，营造良好经营环境；支持民营企业公平竞争，营造良好市场环境；支持民营企业转型发展，营造良好创新环境；支持民营企业维护合法权益，营造良好法治环境；支持民营企业纾难解困，营造良好服务环境。探索建立民营企业市场准入负面清单制度，限定清单长度；制定《贵州省民间资本进入垄断性领域实施细则》，树立民企投资垄断性行业"深水区"的信心；研究出台《促进服务业新业态发展的若干措施》，引导民间资本发展服务业新业态。

通过努力，贵州民营经济正呈现出活力增强、规模扩大、产业提升、效益显著、贡献突出的良好局面。小到辣椒酱，大到房地产，一批有影响力的民营企业和特色品牌不断涌现。据统计，截至2020年12月，全省市场主体346.76万户，其中民营市场主体337.64万户，占全部市场主体的97.37%。民营经济在促进全省经济发展、创业就业、改善民生等方面具有不可替代的重要作用，是全省国民经济快速发展、内生经济发展活力提升的重要支撑。在整个经济体系中民营经济贡献了50%以上的税收、60%以上的GDP、70%以上的技术创新、80%以上的城镇劳动就业、90%以上的新增就业和企业数量。

（四）扎实推进平安贵州建设

贵州省委、省政府始终同党中央保持高度一致，坚持把平安贵州建设作为"一把手工程"和"民心工程"来抓，着力构建横向到边、纵向到底的社会治安综合治理责任体系，社会治安形势持续向好。2018年，贵州人民群众安全感在历年连续提升的基础上再创新高，达到98.74%。2021年，该指标达99.44%，群众安全感、幸福感、获得感持续稳步提升。

1.加强治安防控，维护社会稳定

党的十八大以来，贵州整合各种治安力量和社会资源，综合运用防范、打击、管控等措施，使防控系统内各要素相互衔接、依赖和促进；坚持以科技信息为引领，发挥"互联网+"、大数据等新兴技术战略优势，全面提升社会治理工作质量和效率，推动治安防控工作的精细化、标准化、数字化；实现对社会治安进行全地域、全时空、全方位的多维度防控，维护社会和谐稳定。

一是按照分层级统筹、多管齐下的原则和政府领导、公安主导、部门协同、社会参与的思路，整合资源，强化技术研发，构建科学、完备、高效的"天网"体系，实现"天网工程"系统建设全覆盖。强化视频监控的全天候服务，开展视频图像信息在城乡社会治理、智能交通、服务民生、化解矛盾、生态建设与保护等领域的应用，为社会治安防控装上"天眼"。坚持以科技信息为引领，发挥"互联网+"、大数据等新兴技术战略优势，全面提升社会治理工作质量和效率，推动治安防控工作的精细化、标准化、数字化。

二是始终坚持制度化、体系化部署推进平安贵州建设各项重点工作。先后制定出台《关于深化平安贵州建设的意见》《贵州省深化社会治安综合治理改革总体方案》等多个文件，召开"平安贵州建设大会"等多个重要会议，对相关工作制度化、体系化、系统化整体部署推进。部署开展严打犯罪"雷霆行动"、治安防控"织网行动"、治安乱点"清除行动"、整肃毒品"扫毒行动"、平安校园"护校行动"、医院环境"整治行动"、网络整治"净网行动"七大行动，解决好影响社会稳定的源头性、根本性、基础性问题。

三是构建城乡社区治安防控网。将"治安防范、侦查办案、人口管理、信息采集、服务群众"五项职能作为派出所最基本的勤务模式，最大限度地推动警力上街面、下社区、进单位、到场所。将"五率一感"（信息采录率、矛盾化解率、重口管控率、可防性案件发案率、简易案件办理率、群众安全感满意度）作为核心评价指标，推动派出所勤务模式的优化、固化。以社区"发案少、秩序好、群众满意"为目标，以群防群治为工作中心，围绕"抓基础、抓防范、抓管理、抓服务"四项重点开展工作。充分利用社区警务员接触面广、熟悉社情、贴近群众的优势，广辟信息渠道，收集掌握治安信息，为治安管理和打击犯罪服务。协调社区内各种治安力量，开展好"平安"联合宣传、联合防范、联合管理、联合调解、联合帮教、联合创建等工作，增强社区治安工作的主动性、针对性和实效性。依托社区警务工作平台，整合社区（驻村）民警、专职协管员、社区工作人员和社会力量，完善"以证管人、以房管人、以业管人、以网管人"的流动人口管理模式。加强对社区服刑人员、刑释解戒人员、吸毒人员、严重精神障碍患者以及有不良行为记录的青少年等特殊人群的管理。通过对实有人口的管理，实时获取情报信息和动态轨迹，建立预警指令、落地查控、通报反馈机制，做到预警精准、管理常态、控制落地，为实战服务。按照"城乡连片、社区连片、村寨连片"的"平安连片"建设思路，推动形成党委领导、政府主导、综治协调、各部门齐抓共管、社会力量积极参与的工作格局，最大限度地发挥群防群治的实效。

2. 加强危机管控，维护公共安全

贵州切实从习近平总书记所强调的"新安全观"出发，始终坚持以预防各类群死群伤安全事故发生为目标，积极面对公共安全挑战，树立公共危机管控意识，完善公共危机管理机制；加强全民安全意识教育和防灾减灾能力建设，不断完善危机管理机制和进行必要的专项训练，着力提高危机预警及管控能力。加大对重点单位、

部位以及公共人员聚集场所的火灾隐患以及高速公路、重点路段、农村道路交通安全隐患的排查整治力度，严格对民爆物品审批、流转、运输等环节的安全管理，严厉查处各类危害公共安全的违法犯罪行为，有效预防安全责任事故发生。

一是广泛开展自然灾害科普知识和应急知识的宣传教育，提高公众的防灾减灾意识和自救、互救能力。积极构建灾害应急高效救援体系，健全防灾减灾应急救援和社会动员机制，建立救灾应急快速反应队伍和志愿者队伍。修订编制应急预案、应急救援规章和标准，建设应急专家队伍，完善应急救援队伍装备，组织开展应急培训、演练、宣传等工作，打好灾时应急准备仗。完成矿山地质灾害和地质环境调查、地质灾害气象预警预报系统及综合业务监管平台建设。建成地质灾害防治群测群防APP采集系统，搭建起"贵州省地质灾害防治指挥平台"。通过努力，"十三五"期间，贵州综合减灾救灾成效显著，全省各类自然灾害累计受灾人口2541.95万人次，紧急转移安置90.58万人次，因灾死亡、失踪324人。与"十二五"时期相比，受灾人口减少69.15%，死亡、失踪人口减少22.49%以上，农作物受灾面积减少76.41%，倒塌房屋减少60.22%，直接经济损失减少42.51%。因灾直接经济损失从2016年的173.73亿元降至2020年的90.51亿元，年均因灾直接经济损失从"十二五"期间的145.49亿元降至"十三五"期间的83.65亿元。

二是持续深化食品药品监管体制改革，完善地方政府负总责机制，推进食品从农田到餐桌、药品从实验室到消费者的全过程监管。建立覆盖种养源头、生产加工、流通、餐饮、餐厨废弃物处置全程的监管体系，强化食品安全全过程控制和文明示范创建。切实规范药品研制行为，全面公开药品医疗器械注册受理、技术审评、产品检验和现场检查条件与相关技术要求,强化生产、流通、使用监管。

三是坚持"管行业必须管安全、管业务必须管安全、管生产经营必须管安全"的"三必须"原则,全面落实企业安全管理主体责任,完善安全生产"党政同责、一岗双责"等制度规定。制定发布安全生产责任清单和权力清单,编制安全生产行政审批事项服务指南,实施安全生产工作考核机制,推行安全生产"一票否决"制度,构建起更加严密的安全生产责任体系。构建安全风险分级管控和隐患排查治理双重预防机制,实现重大危险源等各类重大风险和隐患的识别、评估、监控、预警、处置等全过程动态管理。2020年1月至11月,全省生产安全事故起数较2016年同期下降62.6%;生产安全事故死亡人数较2016年同期下降51.3%。

3. 化解矛盾纠纷,促进社会和谐

一是着力构建"党委政府领导、政法综治牵头、相关部门协作,多措并举、多调联动"的工作机制,把矛盾纠纷排查调解工作贯穿到园区建设、项目建设和工程建设的始终。建立矛盾纠纷排查调处联席会议制度、矛盾纠纷预测预防制度和矛盾纠纷排查化解长效机制,建立劳动纠纷、医患纠纷、物业纠纷、交通事故纠纷等专业调解委员会,完善"大调解"工作格局,及时调解重点领域、重点行业的社会矛盾,避免矛盾激化,引发群体性事件。按照"归口负责、分级调处、企地联动"的原则,以人民调解为主体,行政调解、司法调解和警民联调为补充,"多调联动"化解矛盾纠纷。

二是坚持信访人群众工作和非信访人群众工作并重,正确处理问题发生与经济发展以及工作作风的内在关系,变被动接受投诉为主动问需于民,变社会矛盾事后化解为事前预防。更加密切联系服务群众，实现"小事不出村、大事不出乡、难事不出县、矛盾不上交、信访不上行、事件不发生"的目标，推进信访法治化建设进程，构建和谐稳定的社会环境。

三是建立和完善保障机制，帮助弱势群体缓解因工作、生活等问题所产生的精神压力，清除人们在快速变革的社会环境中产生的失望、迷茫、孤独、忧患及恐惧心理，营造健康、文明的社会环境，铲除邪教滋生的土壤。

4. 管好特殊人群，提升社会温度

针对重点未成年人群体进行专门教育，开展"育新工程"。对有不良行为以及已进入司法程序但检察机关决定不起诉、法院决定判处免予刑事处罚的未成年人进行特殊专门教育，帮助其回归社会。

针对重点青少年群体救助保护，开展"雨露工程"。对留守儿童、流浪儿童、困境儿童以及服刑人员未成年子女、社会闲散未成年人等重点青少年群体建立"一对一"关爱服务网络，有效预防未成年人犯罪。

针对吸毒人员康复就业，开展"阳光工程"。对吸毒康复人员建立涵盖生理脱毒、身心康复、就业安置、融入社会四方面内容的社区戒毒、社区康复"阳光工程"。2017年全省吸毒人员重新违法犯罪率较2011年下降8.3个百分点。2016年8月，全国社区戒毒社区康复工作推进会在贵州省贵阳市召开，会上全面总结和推广了贵州省禁毒工作经验和做法。

针对刑释解戒人员安置帮教，开展"回归工程"。对刑释解戒人员开展无缝对接、"第三方接回"以及就业培训的"回归工程"。聘请社会企业对刑释解戒人员进行接回，做到安全有序接回，确保

六、治理能力强起来：构筑全面小康的治理体系

不漏一人，实现了刑释人员安置率和帮教率"两个100%"。

针对精神病患者救治服务，开展"安宁工程"。对排查出的精神障碍患者，全面落实肇事肇祸精神病患者入院救治机制，确保不出问题。

针对艾滋病防控，开展"红丝带工程"。要求诊断发现患者90%以上，患者接受抗病毒治疗90%以上，治疗成功率90%以上，使贵州省艾滋病疫情得到有效遏制。

七、贫困群众富起来：补齐全面小康的最大短板

2015年6月18日，习近平总书记在部分省区市扶贫攻坚与"十三五"时期经济社会发展座谈会上指出："全面建成小康社会最艰巨最繁重的任务在农村，特别是在贫困地区。"贵州农村贫困面最大、贫困程度最深、贫困人口最多，这就意味着全面建成小康社会的任务最重、挑战最大。党的十八大以来，贵州省以习近平总书记关于扶贫工作重要论述和对贵州的重要指示为指导，全面落实

七、贫困群众富起来：补齐全面小康的最大短板

党中央、国务院关于脱贫攻坚系列决策部署，坚持把脱贫攻坚作为头等大事和第一民生工程，坚持以脱贫攻坚统揽经济社会发展全局，坚持党中央确定的脱贫攻坚目标和扶贫标准，以"贫困不除、愧对历史，群众不富、寝食难安，小康不达、誓不罢休"的坚定信心和决心，完善顶层设计，动员各方力量，集聚攻坚资源，狠抓责任政策落实。形成了一揽子扶贫开发工作政策举措和很多好经验好做法，多项实践得到了中央领导同志的充分肯定，并转化为全国政策推广执行，贵州被评价为脱贫攻坚的"省级样板"。

（一）撕掉绝对贫困标签

2012年底，贵州贫困人口仍然多达923万人，是全国贫困人口最多的省份；有66个贫困县、16个深度贫困县、20个极贫乡镇、

从"贫困人口最多"到"减贫人数最多"，贵州彻底撕掉千百年来的绝对贫困标签，农村面貌发生根本性变化。图为遵义市湄潭县新农村——兴隆镇田家沟

2760个深度贫困村。经过艰苦卓绝的持续奋斗，截至2020年11月底，全省贫困人口全部脱贫，贫困县全部脱贫摘帽，在国家脱贫攻坚成效考核中连续5年综合评价为"好"。贵州从全国贫困人口最多的省份转变为减贫人数最多的省份，彻底撕掉延续千百年来的绝对贫困标签，与全国人民一道建成全面小康。

1. 牢记嘱托感恩奋进，坚决担起脱贫攻坚的历史重任

2018年2月12日，习近平总书记在打好精准脱贫攻坚战座谈会上指出："必须坚持发挥各级党委总揽全局、协调各方的作用，落实脱贫攻坚一把手负责制，省市县乡村五级书记一起抓，为脱贫攻坚提供坚强政治保证。"贵州省牢记嘱托、感恩奋进，坚持五级书记抓扶贫，主动扛起脱贫攻坚历史重任。

在省级层面，对习近平总书记的每一次重要指示要求，对中央的每一项决策部署，都通过召开省委常委会、省委中心组学习会、省政府常务会、省扶贫开发领导小组会等，第一时间组织学习贯彻、推进落实。坚持脱贫攻坚"双组长制"和"指挥长制"，常态化研究部署脱贫攻坚工作。

在市级层面，健全完善市、县、乡、村脱贫攻坚指挥调度平台，突出以县为主，以乡为战区，以村为阵地，以村民组为堡垒，形成严密的作战指挥调度体系。落实任务链、扣紧责任链，制定作战图、实行倒计时，做到精准指挥、精确打击，确保令行禁止、尽锐出战。健全问题反馈销号机制，精准研判存在问题，全面销号管理，严格督查考核，以精准的指挥调度推动各项工作落地落实。

为确保每一项精准扶贫政策落地开花，贵州省、市、县、乡层层签订了1.62万份脱贫攻坚责任书，层层传导压力。全面推进"五

七、贫困群众富起来：补齐全面小康的最大短板

主""五包"工作责任制，即抓好"党委主责、政府主抓、干部主帮、基层主推、社会主扶"的关键环节，责任落实到人头，明确"省领导包县、市（州）领导包乡、县领导包村、乡领导包户、党员干部包人"。每年选派 5 万多名干部组成 1 万多个驻村工作组开展党建扶贫。选优配强村级领导班子，发挥基层党组织抓脱贫攻坚的战斗堡垒作用。

2. 立足省情精准谋划，构筑脱贫攻坚"四梁八柱"

贵州"大扶贫"战略之"大"在于全省以脱贫攻坚统揽经济社会发展全局，从组织保障、资源和人力投入、方式方法创新等各方面全力保障和推进脱贫攻坚工作。作为一项系统工程，只有构建起完整的政策体系，才能确保各要素协调配合、各部门联动发力、各板块有序推进，这是打赢脱贫攻坚战的基础。

自国家精准扶贫方略提出以来，贵州坚持因地制宜精准施策，按照中央要求、结合贵州实际，出台一系列超常规政策举措，探索一系列精准管用的"贵州战法"。制定以贯彻落实中央办公厅《关于创新机制扎实推进农村扶贫开发工作的意见》为重点的"1+2"政策，以实施"33668"扶贫攻坚行动计划为重点的"1+6"政策，以大力实施精准扶贫精准脱贫"十项行动"为重点的"1+10"政策。"1+2""1+6""1+10"政策体系构成了推进贵州脱贫攻坚的制度基础。2016 年颁布《贵州省大扶贫条例》，2017 年作出《中共贵州省委关于认真学习宣传贯彻党的十九大精神和习近平总书记在贵州省代表团重要讲话精神的决定》，2018 年首创颁布实施《贵州省精准扶贫标准体系》。

务求精准是打赢脱贫攻坚战的制胜法宝，改革创新是贵州脱贫

攻坚的鲜明特征。贵州连续3年开展"春季攻势""夏秋决战""秋后喜算丰收账""冬季充电"等行动，打好"四场硬仗""五个专项治理"，探索形成了"八要素""六个坚持""五个体系"等攻坚打法，创新建立了"双台账""双责任""双销号""双问责"等工作机制，"三变"改革、"四看法"等成为在全国推广的经验。

3. 盘活存量做大增量，做好决战贫困的资金保障

2018年2月12日，习近平总书记在打好精准脱贫攻坚战座谈会上指出：脱贫攻坚，资金投入是保障。必须坚持发挥政府投入主体和主导作用，增加金融资金对脱贫攻坚的投放，发挥资本市场支持贫困地区发展作用，吸引社会资金广泛参与脱贫攻坚，形成脱贫攻坚资金多渠道、多样化投入。贵州省在实施大扶贫战略行动中，积极整合资金盘活存量，创新金融扶贫机制做大增量，着力解决"钱"的问题，为打赢脱贫攻坚战提供核心保障。

从2014年起，中央补助和省级安排的财政专项扶贫资金，按照"乡镇申报、县级审批、乡村实施、乡镇初检、县级验收、乡级报账"的原则，除重大扶贫专项和以奖代补项目资金外，其余资金由省级主要按因素法分配切块到县，实行目标、任务、资金和权责"四到县"制度。与此同时，除国家、省级扶贫龙头企业贷款贴息项目外，其余所有扶贫项目审批权全部下放到县，并按照"谁审批、谁负责"的权责匹配制度和"六个必须"的原则进行项目管理。

扶贫资金的管理在明确省、市（州）、县、乡各级责任的基础上，强调发挥财政扶贫资金的杠杆作用，以县为单位，围绕区域内的突出问题，以脱贫规划为引领，以扶贫优势特色产业和重点扶贫项目为平台，按照"渠道不变、投向不乱、集中使用、各计其功"的原则，

统筹、归并、整合资金集中支持扶贫开发。

贵州还积极创新金融扶贫模式。2015年，贵州安排中央财政专项扶贫发展资金11.4亿元发展山地特色农业，以"四台一会"（管理平台、融资平台、担保平台、公示平台、信用协会）为核心，推行小额信用贷款到村到户，探索贫困地区产业发展基金扶贫新路径，拓宽金融扶贫渠道。2016年10月30日，贵州脱贫攻坚投资基金有限公司揭牌成立，标志着国家批复的全国首支省级脱贫攻坚投资基金正式启动。基金总规模达3000亿元，这对贵州打赢脱贫攻坚战起到了极其重要的促进作用。2017年以来，贵州陆续开展金融助推脱贫攻坚系列攻势，启动创建了10个省级金融精准扶贫示范县，出台《贵州省金融支持深度贫困地区脱贫攻坚行动方案》等。全省金融扶贫工作呈现出"投入多、成本低、覆盖广、效果好"的良好局面。

4. 坚持基础设施建设先行，夯实脱贫攻坚的硬件支撑

加强农村基础设施建设，能有效推动农村与城市资源合理流动，优化农村发展条件，直接或间接地增加农民收入，有利于消除贫困。贵州实施大扶贫战略行动，始终坚持基础设施建设先行，不断夯实脱贫攻坚的硬件支撑。

贵州坚持以高速公路成网、国省干道提等改造、农村公路畅通和航道升级为重点，采取"政府主导、企业运作、社会参与、多元募集"的方式，充分发挥市场在资源配置中的决定性作用，着力构建以政府投资为引导、以市场融资为基础，多层次、多渠道、多形式的交通基础设施投融资管理体制。打出一系列"组合拳"，全省基础设施建设加速推进，基本建成了"覆盖全省、通达全国、内捷

全面建成小康社会 贵州全景录

外畅、无缝衔接"的综合交通运输体系，彻底改变了贵州交通闭塞的困境。2015年实现了全省县县通高速公路，成为西部地区第一个、全国为数不多实现县县通高速的省份。截至2018年底，全省公路里程达19.7万公里，其中高速公路里程达6450公里，综合密度跃居全国第一位；形成了"一枢十支"的机场布局，实现全省9个市

贵州举全省之力加快疏通农村公路"毛细血管"。图为黔南州长顺县生联村通组公路

州机场全覆盖，全省高等级航道突破 900 公里。

在构建交通"大动脉"的同时，贵州举全省之力加快疏通农村公路"毛细血管"。2017 年 8 月 4 日，贵州省政府印发《关于印发贵州省农村"组组通"公路三年大决战实施方案的通知》，提出了贵州省农村"组组通"公路三年大决战的发展目标。即 2017 年至 2019 年，共投资 388 亿元，对 39110 个 30 户以上具备条件的村民组实施 9.7 万公里通组公路硬化建设（其中，14 个深度贫困县、20 个极贫乡镇、2760 个深度贫困村共 3.3 万公里），实现通组公路由"通不了"向"通得了""通得好"转变，全面提高农村公路通畅率，切实提升农村群众出行质量。2017 年 8 月 30 日，贵州正式启动农村"组组通"公路三年大决战，向全面夯实脱贫攻坚基础设施发出冲锋号。省委要求各级各部门持续深入实施"四在农家·美丽乡村"基础设施建设六项小康行动计划（小康路、小康水、小康房、小康电、小康讯、小康寨），加大交通和水利项目建设力度，坚决把农村的基础设施搞上去，按照"不搬迁的村寨要通公路、不能通公路的村寨要搬迁"和"一组一路"的原则，确保到 2019 年实现全省"组组通"目标，为持续脱贫创造必要条件。截至 2019 年 6 月底，全省累计建成通组硬化路 7.87 万公里，完成投资 459.8 亿元，30 户以上村民组公路通畅率从 2017 年 6 月的 68.9% 提高至 100%，全部完成项目验收，并移交地方政府管养。据统计，项目沿线受益群众达 1167 万人，其中建档立卡贫困人口 183 万人，带动农业产业发展 500 余万亩，乡村旅游村寨突破 3000 个，新增农用车 30 余万辆。农村"组组通"硬化路作为全省重大民生项目，不仅改变了农村群众出行条件，还打牢了农村特色产业发展、乡村振兴公路交通先行基础，助推了群众脱贫致富，为农村地区带去了

全面建成小康社会 贵州全景录

贵州统筹推进大中小型水库和骨干水源工程建设，彻底解决农村饮水安全问题。图为黔中水利枢纽工程

人气、财气，也为党在基层凝聚了民心，是一项德政工程、民心工程。

贵州立足补短板、破瓶颈、增后劲、惠民生，以"四在农家·美丽乡村"小康水行动计划为抓手，从小型水库除险加固、中小河流治理、农村安全饮水巩固提升、小型农田水利设施建设、"五小水利"工程建设等方面增强水利服务"三农"的能力，为农业增产、农民增收、农村发展提供基础保障。全省大兴水利建设，统筹推进大中小型水库建设和骨干水源工程建设，2019年底解决了288.24万人的饮水安全问题，其中贫困人口85.21万人，农村自来水普及率达90%，集中供水率达96%。缺水问题严重的威宁彝族回族苗族自治县，2015年以来，累计投入资金7.47亿元，实施农村安全饮水工程共1754处，解决了106.22万农村人口的饮水安全问题，实现建档立卡贫困人口全覆盖。

加快新一轮农村电网改造升级，2019年基本完成贵州省新一轮农村电网改造升级任务，提前一年实现国家新一轮农村电网改造升级三大指标，农村电网供电可靠率达到99.8%，综合电压合格率

七、贫困群众富起来：补齐全面小康的最大短板

达97.9%，户均配变容量不低于2000伏安，为易地扶贫搬迁、特色小镇、美丽乡村建设提供强劲动力。

· 以实施"广电云"村村通、户户用工程为载体，将扶贫信息、远程医疗、远程教育等信息及功能应用下沉传输到农村千家万户，打通服务群众的"最后一公里"，加快跨越数字鸿沟和云服务鸿沟，为推动农村贫困地区经济社会协调发展、助力脱贫攻坚、实施乡村振兴战略提供了重要的网络基础支撑。建设48个国家级电子商务进农村综合示范县，建成县级电商运营服务中心60余个、村级电商服务站点1.022万个，有效推动黔货出山。同时，大力建设冷链物流运输体系，实现市州冷链物流中心全覆盖，冷库库容达到75万吨，冷链运输车辆达到700台，有效保障全省农产品的流通销售。

5. 产业结构调整，拓展可持续脱贫增收渠道

2017年3月8日，习近平总书记在参加十二届全国人大五次会议四川代表团审议时指出："要把发展生产扶贫作为主攻方向，努力做到户户有增收项目、人人有脱贫门路。"贵州省实施大扶贫战略行动，始终秉持"扶产业就是扶根本"的观点，并针对农村小农经营的弊端，审时度势深耕农村产业革命，拓展可持续脱贫增收渠道。

将农村产业革命作为重大战略部署，省委、省政府主要领导带头抓、深入抓，采取超常规举措高位强力推进。省委、省政府主要领导于2018年至2020年连续3年出席省委农村工作会议，对推进农村产业革命进行安排部署。连续2年召开全委会研究部署，2019年省委十二届五次全会研究出台《中共贵州省委 贵州省人民政府关于推进农村产业革命坚决夺取脱贫攻坚全面胜利的意见》等

"1+3"文件；2020年省委十二届七次全会对农村产业革命进行"五个三"（拓展三大市场、提高三化水平、壮大三大销售主力、促进三次产业融合发展、强化三个保障）的系统部署，在战略部署层面对推进农村产业革命予以保障。

陆续出台《省委省政府领导领衔推进农村产业革命联席会议制度》《省委省政府领导领衔推进农村产业革命工作制度》等制度，省委书记、省长亲自挂帅，担任联席会议的召集人，12位省委、省政府领导分别领衔推进茶叶、食用菌等12个特色优势产业发展，逐步形成了"一个产业一个省领导领衔，成立一个产业领导小组、一个工作专班、一个专家团队，制定一套推进方案、一本技术指导、一套考核办法"的"七个一"工作制度。市、县两级参照建立领导领衔推进制度并成立工作专班，推动形成了政策高度集中、资源高度聚集、力量高度聚合，省负总责、市县抓落实、五级书记齐抓共管、齐心协力推进农村产业革命的良好发展工作格局，推动实现了由涉农部门单打独斗、独力难支向全省上下勠力同心，党委、政府多部门群策群力的局面转变，"三农"工作进入了高位推进、高速发展、高效扶贫的快车道。

坚持推动优势产业优先发展，优势品种率先突破，聚焦茶叶、食用菌、蔬菜、牛羊、特色林业、水果、生猪、中药材、刺梨、生态渔业、辣椒、生态家禽12个农业特色优势产业，坚持因地制宜、因势利导、因需施策，指导各地聚焦"按时打赢"目标，结合自身的资源禀赋、产业基础、市场需求、农民增收等，选好产业推动集约集中发展，迅速做大规模做强产业。同时，以市场需求和效益为导向，调减各产业低效品种，增加市场紧缺和适销对路产品的生产。加快推进优质品种研发推广，着力选育引进一批适宜贵州气候条

七、贫困群众富起来：补齐全面小康的最大短板

件、有市场竞争力的品种，推进品种的升级换代。聚焦特色优势产业的优势品种，逐步推广扩大产业规模，优化产业内部品种结构，建立优势品种标准化、规模化生产基地，推动形成集约集中发展的重点产业带、产业群、产业区、重点县等，实现产业规模化、标准化、品牌化、绿色化发展。

坚持打造财政资金投入、绿色产业发展基金投资、金融资本贷款、社会资金入股、政策保险兜底的全方位立体式的财税金融保障体系，在破解农业经营主体融资难、融资贵等方面进行了有效探索。省级财政加大对12个特色产业的投入，安排12亿元专项资金。落实坝区结构调整补助资金、高标准农田建设配套资金等，支持深度贫困县"一县一业"产业扶贫。设立规模为1200亿元的贵州绿色产业扶贫投资基金。将12个特色产业全部纳入政策性保险范畴，对参保的企业和农户，省、市、县三级财政分别予以保费补贴。积极探索农银企产业共同体融资模式，农业企业可以和政府的平台公司合作组建合资公司，共同撬动银行资本，发展壮大特色产业。

按照"一个重点产业、一个技术团队"的要求，在省内组织各级农业农村部门以及贵州大学、省农科院等高等院校、科研院所的1.3万余位专家组成专家团队，重点围绕12个农业特色优势产业开展农技培训，共开展新品种新技术等试验示范268项，建设试验示范基地251个。组织召开"贵州省农村产业革命12个农业特色优势产业专题报告会暨新时代学习大讲堂"系列讲座，邀请12名国内知名院士、专家针对12个特色优势产业的发展方向、发展路径、发展模式等作专题指导。聘请7位院士作为产业发展顾问，分别建立印江食用菌院士工作站、石阡绿色防控院士工作站、遵义辣椒院士工作站等7个院士工作站。

贵州加快发展12个农业特色产业，有力推动农业增加值快速增长

通过纵深推进农村产业革命，12个农业特色优势产业发展加快，有力推动了农业增加值快速增长，为全省经济持续稳定增长提供了有力支撑。2018年，贵州省第一产业增加值增长6.9%，位居全国第一。全省农村常住居民人均可支配收入9716元，比上年增长9.6%，增速继续保持全国前列。2019年，全省农、林、牧、渔业增加值为2408.03亿元，比上年增长5.7%。其中，种植业增加值为1566.47亿元，比上年增长8.3%。农村居民人均可支配收入10756元，比上年增长10.7%。2020年，第一产业增加值增长6%以上，农村居民人均可支配收入增长10%左右，两项增速继续位居全国前列，有力地推动了全省经济持续稳定增长，种植业结构调整成效持续显现。

2018年以来，产业发展累计带动78.26万贫困户、288万贫困人口增收。其中，2020年产业带动剩余建档立卡贫困人口28.33

七、贫困群众富起来：补齐全面小康的最大短板

人增收，占 2019 年底剩余建档立卡贫困人口总数的 92%。对"9+3"重点县（区）贫困人口实现全覆盖，带动人均增收 1500 元左右。通过农村"三变"改革，农民股东参与"三变"改革增加收益合计 38.9 亿元，人均增收 353.15 元，户均增收 1354.92 元，其中贫困人口增加收益 17.71 亿元，贫困人口人均增收 702.64 元，户均增收 2680.1 元，为按时高质量打赢脱贫攻坚战提供了有力的产业支撑。

在发展产业带动就业的基础上，广开就业门路，全面促进就地就近就业扶贫。全省坚持以建档立卡贫困户、易地搬迁扶贫户、边缘户有劳动力的家庭 1 户 1 人以上稳定就业为重点，采取"点对点""一对一"等办法，面向发达地区和城市落实农村剩余劳动力就业，依托工业园区和农业基地发展产业增加贫困人口就业，通过开发公益岗位安排有劳动能力的贫困人口就业，务工收入占农户总收入的 70% 以上。

6. 创新易地扶贫搬迁，重塑贫困群众的生计空间

2015 年 6 月 18 日，习近平总书记在贵州召开部分省区市党委主要负责同志座谈会时指出："要因地制宜研究实施包括移民搬迁安置一批在内的扶贫攻坚行动计划，对居住在'一方水土养不起一方人'的地方的贫困人口实施易地搬迁，将这部分人搬迁到条件较好的地方，从根本上解决他们的生计问题。"2015 年 11 月，习近平总书记在中央扶贫开发工作会议上向全国发出了易地扶贫搬迁动员令。2015 年 12 月，贵州省率先在全国打响易地扶贫搬迁"第一炮"，启动贵州历史上规模空前的易地扶贫搬迁工作。

围绕"搬得出、挪穷窝、拔穷根"，贵州省坚持省级统贷统还，坚持以自然村寨整体搬迁为主，坚持城镇化集中安置，坚持以县为

单位集中建设，坚持让贫困户不因搬迁而负债，坚持以产定搬、以岗定搬等"六个坚持"创新举措，做好易地搬迁"前半篇文章"。以此为基础，不断进行补充和完善，先后出台包括4个纲领性文件、26个操作性文件、41个部门协作支持文件在内的71个易地扶贫搬迁政策性文件，为推进易地扶贫搬迁工作提供了制度支撑。特别是"六个坚持"的创新举措，构建了贵州易地扶贫搬迁的实施路径和政策框架，立足整体、突出重点、指向鲜明，是贵州易地扶贫搬迁实践中的最大亮点和主要经验。

第一，坚持省级统贷统还。按人均6万元匡算，贵州易地扶贫搬迁总投资近千亿元，为确保市、县两级集中精力抓搬迁项目建设，不用分心于资金的筹措与偿还，贵州省一级主动作为把上千亿元的贷款压力扛在身上，明确由省扶贫开发投资公司作为承贷和还贷主体，负责统贷统还全省易地扶贫搬迁资金，实行从省到县、县到项目专户存储、专账核算、物理隔离、封闭运行管理的办法，确保了资金的严格管理和安全运行，使贵州不仅成为全国范围内率先落实省级统贷统还的省份，也成为全国范围内落实得最到位、最彻底的省份。截至2020年底，贵州统贷统还平台已统筹专项资金940亿元，统还利息超过45亿元，充足的资金保障和明确的责任分工，极大调动了基层政府和群众参与移民搬迁的积极性。

第二，坚持以自然村寨整体搬迁为主。贵州针对农村居住较分散、山区村寨规模较小的实际，以及整体搬迁可以给迁出地生态修复和开发提供空间、减少后续对未迁农户民生改善再投入问题的考虑，明确搬迁对象为建档立卡贫困人口，以村寨人口规模小（50户以下）、贫困发生率高（50%以上）的自然村寨整体搬迁为主。与此同时，设置了11个识别登记程序，先后组织了以"整村搬迁"、

七、贫困群众富起来：补齐全面小康的最大短板

在贞丰县者相镇易地扶贫搬迁小区，搬迁群众吴克金（右一）从分房抓阄箱中喜获120平方米新房钥匙，走出大山的梦想从此变为现实

以"问题导向"排查、以"不留死角"的核查核实，以及以深度贫困地区易地扶贫搬迁新增人口的调查核实等为重点的四轮搬迁对象排查核定，自下而上精准识别并锁定了搬迁对象和规模。这一做法促使贵州成为全国唯一实施以自然村寨整体搬迁为主的省份。"十三五"期间，贵州共锁定10090个自然村寨整体搬迁，同步搬迁人口达37万。

第三，坚持城镇化集中安置。针对实际中出现的农村安置仅仅是"挪穷窝"并不能"断穷根"、一般性城镇安置未能从根本上解决就业增收、分散安置存在"一搬了之"的现象等问题，贵州于2017年明确提出易地扶贫搬迁要全部实行城镇化集中安置。经过

自上而下的全面推动,将安置点主要布局在商贸活跃、交通便利、资源聚集、功能完善的县城和市(州)政府所在城市。从落实情况看,贵州城镇化安置率达到了95.21%,较全国52.08%的平均水平高43.13个百分点,贵州也成为全国唯一彻底实行城镇化集中安置的省份,坚持城镇化集中安置亦成了贵州易地扶贫搬迁工作中的最大特色。

第四,坚持以县为单位集中建设。此前的搬迁移民试点和扶贫生态移民工程项目主要由乡镇组织实施,然而由于项目点多、面广、分散、体量小,极易出现管理松散、工程进度滞后、建设质量低下、脱贫效果不好等现实和遗留问题。贵州紧扣问题和省情特点,自2017年起明确所有项目全部由县级政府作为工程实施主体开展实施,推行项目法人县级负责制,实行严格执行项目建设基本程序、项目建设周期、县级党政主要领导包保责任制的"三个严格"管理制度,统规统建。坚持以县为单位集中建设,是全国易地扶贫搬迁工程建设管理方式的实践创新,贵州也是全国唯一以县为单位集中建设管理的省份。

第五,坚持不让贫困户因搬迁而负债。中央反复强调,搬迁安置房是"扶贫房",原则是"保基本"。贵州在易地扶贫搬迁实践中,规定在不突破投资标准和搬迁群众自筹标准的前提下,着力控制搬迁成本,防止搬迁群众因搬迁而负债。在严格控制住房面积方面,贵州提出了"城镇安置的人均不超过20平方米,中心村安置的人均不超过25平方米,每户住房面积根据家庭实际人口合理确定"的要求。在严格控制建设成本方面,安置点项目实行统一建设、统一简装修、建筑材料集中采购机制。在严格控制房屋类型方面,针对商品房作安置房、保障性住房作安置房以及全面实行城镇化集中安置三种不同类型的安置方式提出了不同的政策措施。与此同时，还实施了鳏寡孤独残等特困户先由民政供养服务机构进行安置，不能安置的由政府提供相应的安置房免费居住等措施。在易地扶贫搬迁实践中，贵州认真梳理和把握"搬迁"与"脱贫"之间的关系，"三个严格控制"的措施与中央"保基本"的原则深度契合。

第六，坚持以产定搬、以岗定搬。贵州在易地扶贫搬迁工作开篇之际，就将搬迁群众的长远发展作为搬迁的前置条件来抓。为确保搬迁群众的生计保障和后续发展，各地根据安置地可就业岗位和可脱贫产业合理确定安置点的建设规模，精准落实就业和产业脱贫措施，实行以岗定搬、以产定搬，确保搬迁一户脱贫一户。具体来看，通过对劳动力进行就业培训，其生产劳动技能得到了提高；通过稳定外出务工解决、本地就业安置、产业项目扶持等方式，消除了"零就业"家庭；通过创办"扶贫车间"、公益性岗位兜底等，留守妇女和老年人等弱劳动力就业问题得到了解决。贵州在全国率先提出的以产定搬、以岗定搬，得到了中央的充分认可和肯定。2018年发布的《中共中央国务院关于打赢脱贫攻坚战三年行动的指导意见》中，明确提出"按照以岗定搬、以业定迁原则，加强后续产业发展和转移就业工作，确保贫困搬迁家庭至少1个劳动力实现稳定就业"。

全部搬迁群众来自9个市州、83个县、1254个乡镇、9449个行政村的高山区、深山区、石山区。他们从高寒荒凉的乌蒙山区、破碎陡峻的武陵山区、水土流失严重的滇黔桂石漠化片区，整体搬迁至城镇进行集中安置。经核查，全省"十三五"时期易地扶贫搬迁总规模为192万人，其中建档立卡贫困人口157.8万人，累计建成949个集中安置点，建成安置住房46.5万套。据随机入户抽查，搬迁群众对搬迁政策的满意度达99.5%，对配套基础设施及公共服务设施的满意度达 99%，对住房的满意度达 98.3%，对就业脱贫措施的满意度达 97.9%。

在易地扶贫搬迁的"前半篇文章"基本收尾之际，中共贵州省委、贵州省人民政府出台了《关于加强和完善易地扶贫搬迁后续工作的意见》，健全"五个体系"，切实做好易地扶贫搬迁的"后半篇文章"，让搬迁群众"稳得住、能致富"。

第一，健全公共服务体系。强调要通过强化安置点的公共服务功能，推动搬迁群众在城镇获得均等的生存发展机会，公平享有公共资源和社会福利。重点聚焦公共教育、医疗卫生、社会保障、社

贵州易地扶贫搬迁改变了 192 万人的生产生活方式。图为黔西南州晴隆县易地扶贫搬迁集中安置区——阿妹戚托小镇

七、贫困群众富起来：补齐全面小康的最大短板

区服务"四大要素"配套建设，促进移民在城镇获得均等发展机会，公平享受公共资源和社会福利。

户籍管理方面：一是有序引导户籍转移。保持移民在原居住地村集体权益和其他惠农政策不变，帮助移民自愿落户安置地。跨县（市、区）安置但暂未迁移户籍的可办理居住证，暂未迁移户籍的由安置地办理"易地扶贫搬迁市民证"，纳入当地居民管理。二是提高服务水平。优化户籍办理流程，实现移民办理户籍业务只跑一次。公安派出所增设异地居民身份证受理业务，免费邮寄送达移民换领居民身份证。

医疗卫生方面：一是规范医疗卫生服务机构建设。根据区域卫生规划和医疗机构设置规划，综合搬迁安置社区的人口规模、服务半径、地理条件等因素，合理配套建设安置点医疗机构、设备和医护人员，确保每个安置点都有卫生服务机构。截至2020年5月，建成基层医疗卫生服务机构或县级医院235个，总共建成集中安置区医疗配套项目383个，在建5个，纳入挂牌督战，其他集中安置区医疗配套措施利用周边资源解决，实现100%医疗卫生服务全覆盖。二是提高医疗卫生服务水平。采取对口支援、巡回医疗等方式，定期组织县级医疗服务机构骨干到

家庭医生定期上门服务，为更多贫困群众提供了就医需求保障。图为黔南州罗甸县茂井镇开展家庭医生签约服务

安置点医疗机构开展业务指导，支持安置点开展远程医疗会诊系统建设。建立重病贫困移民台账，实行动态监测和精准救治。落实基本公共卫生及家庭医生签约服务。

社会保障方面：一是做好社会保障衔接。移民可自愿参加安置地城乡居民或职工基本医疗保险和基本养老保险。将移民全部纳入安置地城市低保，移民脱贫后收入水平仍低于低保标准的，继续享受低保政策。易地扶贫搬迁建档立卡贫困户通过就业创业，人均收入超过当地低保标准的，按规定给予一定救助缓退期。2020年，应缴纳基本医疗保险181.53万人，已缴纳176.87万人，加入职工基本医疗保险0.99万人，97.98%的易地扶贫搬迁群众缴纳了医疗保险。应缴纳养老保险96.01万人，已缴纳养老保险89.01万人，已加入城镇职工基本养老保险1.23万人，94%的易地扶贫搬

七、贫困群众富起来：补齐全面小康的最大短板

迁群众缴纳了养老保险。享受最低生活保障条件11.17万户36.91万人，应转入安置地城市最低生活保障政策8.99万户30.02万人，已转入安置地城市最低生活保障政策8.65万户28.81万人，完成占比95.96%；应转入安置地农村最低生活保障政策2.1万户6.8万人，已转入安置地农村最低生活保障政策1.4万户4.6万人，完成占比68%。二是建立搬迁困难群众救助体系。安置地民政部门对因遭遇急难问题陷入经济困境的移民进行临时救助，稳步提高特困人员救助供养标准。积极动员失能、半失能特困人员集中入住特困供养机构。对暂时不能集中供养的特困人员，采取签订照料护理协议等方式购买护理服务、社会工作服务。

第二，健全培训和就业服务体系。贵州省委、省政府高度重视易地扶贫搬迁中群众就业的工作，先后出台了《贵州省人民政府关于深入推进新时期易地扶贫搬迁工作的意见》《中共贵州省委 贵州省人民政府关于精准实施易地扶贫搬迁的若干政策意见》《中共贵州省委办公厅 贵州省人民政府办公厅关于贯彻落实"六个坚持"进一步加强和规范易地扶贫搬迁工作的意见》《中共贵州省委 贵州省人民政府关于加强和完善易地扶贫搬迁后续工作的意见》等，为做好易地扶贫搬迁群众就业工作提供了制度支撑。

就业培训方面：一是做好组织发动。对已搬迁但未实现稳定就业和未接受过培训的搬迁劳动力，深入进行逐户摸底排查；对正在搬迁或计划搬迁的，进村入户提前动员。在迁出地和安置地增设宣传标语，引导搬迁劳动力主动学技能、强本领、增收入。通过广播、电视、网站、微信、宣传手册等多种媒介，大力宣传培训脱贫、就业致富典型，激发搬迁劳动力主动参加培训和转移就业的积极性。二是创新培训方式。全面精准抓好对搬迁群众的全员培训、规定培

训、精准培训、建档培训、持续培训,突出技能实用技术人才、特色手工艺、技能教育长期培训等重点。三是完善培训内容。按照"因人施培、因岗定培、因产施培"的原则,开展定向、订单、输出、扶智"四型"技能培训。分类设置课程和培训标准,分产业、分层次、分岗位、分时段培训。针对辖区内外企业用工需求和贫困劳动力特点,以制造业、建筑业、服务业、旅游业、电子商务等就业容量大的行业用工需求为重点规范开展常态化培训,提高就业培训的针对性和有效性,增强其就业创业和职业转换能力。开展法律法规、劳动维权保护、职业道德、安全生产、消防安全、卫生安全等内容的培训。做好搬迁群众的感恩教育和市民意识培训,全面提升其综合能力和素质。四是开展向先进学习,激发内生动力。组织学习贵州在脱贫攻坚中涌现出来的先进人物,学习他们不畏惧困难、带领大家脱贫致富的事迹,激发搬迁群众学习先进、渴望致富的内生动力。截至2019年6月,贵州对贫困群众开展培训594.31万人次;开展劳动就业能力培训达47.99万人,其中,开展建档立卡贫困劳动力技能培训24.74万人,开展易地扶贫搬迁劳动力技能培训8.58万人。

就业渠道拓展方面:一是在安置点附近的工业园区和产业园区,开发适合搬迁群众的就业岗位,鼓励相关企业接收搬迁群众就业。二是扩大招商引资,在安置点附近建扶贫车间或者扶贫基地,增加车间和基地接收就业群众的数量。截至2019年底,贵州建立就业扶贫车间近1000个、就业基地500个。三是加大宣传力度,积极引导有一定能力的人返乡创业,尤其是贵州籍具备相当实力的人士在贵州创业,通过创业来吸引更多人就业。四是开发公益性就业岗位,解决一部分人的就业问题。针对部分无法就业搬迁群众,通过公益类岗位托底安置就业。五是围绕当地企业、

七、贫困群众富起来：补齐全面小康的最大短板

扶贫车间解决易地扶贫搬迁群众实现家门口就业

易地扶贫搬迁点扶贫车间及东西部协作企业用工需求，依托企业、农民专业合作社和扶贫车间等通过以工代训的方式开展订单式、定向式培训，促进就业创业。

就业服务平台建设方面：一是建立易地扶贫搬迁就业群众数据库，深度掌握就业群众基本情况，与相关部门和用人单位建立有效的数据对接机制，对就业群众和用人单位岗位需求实行动态管理。二是建立用人单位信息数据库，加大与沿海及相关工业园区企业的联系，建立深度融合，收集各种用人信息，及时向搬迁群众进行推送。截至2019年底，贵州各平台向易地扶贫搬迁群众推介就业岗位近150万个。三是进一步完善易地扶贫搬迁就业服务平台，更好地服务于搬迁群众的就业。为了更好帮助搬迁群众解决就业，贵州在安置点建立了就业工作指导站、就业服务中心，为50多万人次开展就业服务，帮助近20万人获得了就业岗位。

组织搬迁群众外出务工方面：一是充分利用东西部扶贫协作的

资源，建立东西部扶贫协作机制。向对口帮扶城市大量输送劳动力，帮助10余万人在帮扶城市找到就业岗位。二是建设劳务输出平台，贵州目前有劳务公司500余个，组织搬迁群众近10万人赴沿海发达地区就业。三是不断加强与帮扶地对接，进一步做好搬迁群众就业工作的衔接，服务好搬迁群众。

第三，健全文化服务体系。强调社区文化是搬迁群众后续发展的内在动力，重点推进感恩教育、文明创建、公共文化、民族传承"四进社区"，以增强文化引领能力和群众认同感。

健全完善公共教育方面：一是完善教育配套设施建设。精准掌握移民子女就学需求和安置地教育资源布局，根据安置地教育资源情况，因地制宜进行教育资源补充，与安置点同步配套建设幼儿园、小学、初中教育项目，推动移民子女就近入学、应学尽学。

贵州深入实施教育精准扶贫，推进教育优质均衡发展。图为黔西南州易地扶贫搬迁移民子女在学校快乐就学

七、贫困群众富起来：补齐全面小康的最大短板

截至 2020 年 5 月，全省已实现易地扶贫搬迁安置点 100% 教育配套设施全覆盖，没有一个搬迁子女失学辍学。二是加强师资力量配备。采取引进、招考、"特岗计划"专项招聘、政府购买服务、推行员额制管理等方式，统筹调配安置点教师。加强统筹协调，按照"编随事走"原则及时划转教师编制。三是完善就学服务工作。迁出地和安置地政府提前对接，为移民子女及时办理入学手续。针对移民子女较为集中的学校，按照家长自愿原则，实行特定时段学生免费托管。截至 2020 年 5 月，全省涉及搬迁户适龄子女就学需求共 381727 人，其中全省 946 个安置点所在街道（乡镇、村）原有学校完成吸纳就学 201258 人（含在外就读学生），新建 573 所配套学校吸纳就学 128621 人，另有 96 所（其中幼儿园 44 所、小学 32 所、初中 15 所、九年一贯制学校 5 所）配套学校在 2020 年 8 月底前投入使用。

帮助移民心理适应方面：一是探索文化与人共同搬迁。特别在对少数民族群众进行易地扶贫搬迁时，充分考虑他们的风俗习惯和民族感情，最大限度将搬迁群众的文化记忆保留下来。二是积极组织搬迁群众再学习。贵州各地在帮助搬迁群众融入安置社区过程中，积极组织他们学习适应安置地的生活观念和生活方式，不断提升搬迁群众的文化素质和法治观念，推动其培育和形成市民意识和社区意识。三是高度关注搬迁群众心理健康。在社区综合服务中心成立了心理咨询室，帮助搬迁群众调节和疏导心理情绪。

营造社区和谐氛围方面：一是加强文明社区建设。通过大力开展公民基本道德规范和社会公德、职业道德、家庭美德教育，在社区内形成助人为乐、团结友善的人际关系和道德风尚，不断提高社区文明程度。二是大力推进移风易俗。积极引导搬迁群众破除红白

喜事大操大办、奢侈浪费、厚葬薄养、互相攀比、封建迷信、酗酒赌博等陈规陋习，促进形成了崇尚科学、文明、节俭、诚信的良好风尚和健康生活方式。三是认真开展普法教育。通过广泛开展普法教育，增强群众法治观念，引导群众树立正确的法律意识，强化了搬迁群众的社会责任感、规则意识、集体意识，维护社区秩序和安定团结。四是建立社区评优机制。通过推选树立正面典型，用身边人身边事宣扬关爱社会、关爱他人、睦邻友善、守望相助、孝敬老人等美德，不断提升搬迁社区居民的精神风貌。

乡愁文化传承方面：一是尽量把原住地的邻居、熟人集中安置在一起，比如榕江县采取的一个区域一个乡、一栋楼房一个村、一个单元一个村民小组、一层楼房一个家庭的安置方式。二是用故土影像化解乡愁。铜仁市、黔西南州、黔东南州等地在搬迁安置点率先配套建设乡愁馆，用以陈列许多迁出地的生产生活用具，并以图文并茂的形式呈现不同历史时期迁出地的生活片段，移民可以免费参观乡愁博物馆，以纾解自己的乡愁。

第四，健全社区治理体系。强调要聚焦机构设置科学化、社区管理网格化、居民自治规范化、治安防控立体化"四化"建设，实现强基固本。

夯实社区治理基础设施方面：一是完善社区综合服务设施，包括社区服务中心（站）、新时代文明实践中心、文体活动中心、老年服务中心、儿童活动中心、公共安全服务中心、社区殡葬服务设施。截至2020年底，已新建社区综合服务中心90个、社区综合服务站458个，其余集中安置区社区服务功能通过周边原有资源解决，842个集中安置区综合服务中心（站）实现100%综合服务全覆盖。已建成图书室685个、乡愁馆281个、宣传栏788个。842个安置区内建成文体活动中心 758 个，占 90%。二是加强服务体系建设。县直相关部门、乡（镇、街道）及社区（村）有关人员进驻服务中心或服务站提供公共服务，推行一站式办理、上门办理、预约办理等服务方式，加强安置点公共服务信息化建设，让"数据多跑路、群众少跑腿"。三是完善便民利民服务。建设安置点"社区 15 分钟服务圈"，围绕盘活安置点门面、商铺等资源，鼓励和支持各类组织、企业和移民个人兴办居民服务业，优化社区商业结构布局。

优化社区服务供给方面：一是强化公共服务供给。贵州各地针对搬迁群众的户籍管理、子女就学、就业创业、医疗、社会保障和保险等社区事务办理提供更加便捷有效的服务支持，推动搬迁群众在城镇获得均等的生存发展机会，公平享受公共资源和社会福利，让搬迁群众生活顺心。二是优化社会服务供给。贵州各地通过引导社会组织、志愿者和其他社会工作力量参与介入易地扶贫搬迁社区事务，为搬迁群众提供各类社会性的服务。

第五，健全基层党建体系。2016 年以来，贵州省始终围绕"抓好后续服务"这一核心，坚持党建引领，以服务社区为抓手，发动和争取各级各部门和社会各界的共同参与和支持，开展基层党建体系建设，打造易地扶贫搬迁党建共同体，服务易地扶贫搬迁群众同心圆。

一是健全组织，共驻共建有活力。围绕健全组织构架、配强干部队伍、完善工作机制，建强易地扶贫搬迁安置地基层党组织阵地。探索成立安置地党委、社区党组织和居委会，同步成立综合服务中心，纳入所在乡镇（街道）管理。采取选派、聘用、招考等方式，选配好安置地党组织、综合服务中心和安置地社区专职人员。

二是党群联建，凝聚群团强效能。由街道党工委牵头，工会、共青团、妇联等有关单位积极配合,在街道和社区两个层面组建了工会、共青团、妇联等组织,不断强化党对群团工作的领导,组建综合公益服务性质的群团工作站,探索建立"和事佬""爱心联盟"等群众组织,组建"支部+群团+搬迁群众"的"先锋服务队",为搬迁群众提供优质服务,实现党群联动,共助社区发展。

三是配强队伍,工作落实有主体。探索"大数据+文明实践"智慧服务,以群众点餐、中心配菜、志愿者送餐的工作模式,打造社区服务升级版,实现"数据多跑路、群众不跑路",切实让搬迁群众感受到温暖。

四是社会参与,倾情服务显真情。引进"力聚公益志愿者协会"等社会组织并免费提供服务阵地,联合社会组织通过"志愿+N""社工+N"的工作模式,组织开展"志愿+政策宣传+环境整治+心理辅导+就业帮扶"和"社工+政策宣传+环境整治+建档立卡户+特殊困难群众"等志愿帮扶活动。广泛组织和发动社会爱心企业、爱心人士为特殊困难搬迁群众开展爱心帮扶、慰问活动。新冠肺炎疫情期间,社会力量先后为搬迁群众捐赠物资,惠及群众。

7. 扎实做好"三保障"工作,筑牢脱贫返贫的安全防线

教育、医疗和住房是事关民生福祉的三大支柱,扎实推进义务教育、基本医疗、住房安全"三保障"工作,是构筑贫困群众脱贫和防止返贫安全防线的基本途径。

深入实施教育精准扶贫,推进教育优质均衡发展。贵州省在巩固提高九年义务教育的基础上,提出构建普及学前三年教育和高中阶段教育的"新两基"教育体系目标,使义务教育向两头延伸。

七、贫困群众富起来：补齐全面小康的最大短板

2017年底，实现了学前三年毛入园率、九年义务教育巩固率、高中阶段教育毛入学率达到85%以上的"新两基"目标。2017年7月18日，省政府下发了《省人民政府关于统筹推进县域内城乡义务教育一体化改革发展的实施意见》（黔府发〔2017〕13号），明确提出要加快推进全省城乡义务教育均衡发展。2018年12月1日，贵安新区和29个县（市、区）顺利通过国家县域义务教育均衡发展督导检查。至此，贵州提前两年实现全省县域内义务教育基本均衡发展的目标。

贵州围绕"职教培训1人、就（创）业1人、脱贫1户"的目标狠抓职业教育，2018年底，25万人通过接受职业教育带动全家脱贫，职业教育在脱贫攻坚中发挥着重要作用。建立教育扶贫资助体系，2014年以来，贵州累计资助学生4419万人次，资助金额553.2亿元，使贫困学子得到有效资助，避免了"因学致贫"和"因贫辍学"。

健全基本医疗保障体系，构建医疗兜底工作机制。为大力提升基层医疗卫生服务能力，夯实基层基础，贵州加快推进基层医疗卫生"五个全覆盖"。一是乡镇卫生院标准化建设全覆盖。2016年，贵州采取新建、改扩建、部分功能完善三种方式，全面推进全省尚未达到建设标准的329所乡镇卫生院标准化建设。二是基层医疗卫生机构执业医师全覆盖。为保障乡镇卫生院（社区卫生服务中心）基本服务能力和技术水平，贵州积极推进乡镇卫生院和政府办社区卫生服务中心执业医师全覆盖工作，为全省尚无执业医师的198所乡镇卫生院、25所政府办社区卫生服务中心配齐执业医师。三是农村中小学校校医配备全覆盖。贵州高度重视少年儿童健康，全面加强中小学的卫生与健康工作。四是县级以上公立医院远程医疗全覆盖。依托大数据资源优势，打破传统模式，推进省、市、县、乡远

程医疗服务体系全覆盖,促进优质医疗资源下沉。2017年,将远程医疗服务延伸到全省1543个乡镇卫生院,远程医疗实现"乡乡通"。五是城乡居民大病保险全覆盖。为构筑居民医疗保障"双保险",进一步降低城乡居民大病就医负担,2016年上半年,贵州全面推行和完善大病保险,实现城乡居民参保(合)群众全覆盖。因病致贫返贫人口从2015年的78.92万人减少至2018年的35.92万人。

全力实施住房安全保障工作,确保民众"住有所居"。早在2009年,贵州省就全面启动了农村危房改造工作,并取得瞩目成就。自2011年以来,随着精准扶贫战略的全面实施,贵州省农村危房改造工作进入新的阶段。为了深入推进"房改扶贫",贵州省住建部门不断强化组织保障,完善认定标准,加强质量监督,增加资金供给,健全考核机制,着力构建贵州农村危房改造政策体系。政策体系中组织保障、质量监督、考核问责机制相辅相成;危房改造和改圈、改厨、改厕的"三改"工作有机结合,有力助推脱贫攻坚战取得胜利。2008年至2018年,贵州省投入危房改造的中央、省、市、县四级财政资金累计达349.07亿元,完成农村危房改造共计324.89万户,贵州特色的农村住房安全保障体系初步形成。

2018年8月,以农村危房改造工作为基础,贵州省进一步启动了农村老旧住房透风漏雨专项整治工作,不但考虑广大农村民众"住有所居",还切实关注民众居住质量的提升。贵州省出台了以《贵州省农村老旧住房透风漏雨整治认定标准(试行)》(黔建村通〔2018〕212号),为工作开展提供了系统科学的标准。明确了乡镇政府以"一户一档"为基本原则,建立农村老旧住房透风漏雨专项整治档案。省住建厅和扶贫办在农村老旧住房透风漏雨专项整治工作中全面抓实统筹协调职能,加强工作实践中的业务指导，适时开展督查，确保整治工作有序推进。自老旧住房透风漏雨整治工作启动以来，通过全面深入排查，到户整治总台账达 30.6 万户，整治工作高效开展。

8. 聚焦深度贫困地区，全力攻下最坚固的贫困堡垒

深度贫困地区是扶贫工作最短的短板，聚焦深度贫困地区，攻克深度贫困堡垒，打赢脱贫攻坚战，是贯彻党中央决策部署的重大政治任务。贵州省实施大扶贫战略行动，采取"四个聚焦"主攻深度贫困地区，攻克难中之难、坚中之坚。

扶贫资金向深度贫困地区聚焦。 中央和省级财政预算安排的财政专项扶贫资金向 14 个深度贫困县、20 个极贫乡镇、2760 个深度贫困村倾斜。2018—2019 年，省级财政统筹安排深度贫困县每县每年 1 亿元用于脱贫攻坚，中央和省预算内资金用于深度贫困地区比例达到 30% 以上。保持深度贫困县 60 亿元以上扶贫再贷款限额。

东西部扶贫协作向深度贫困地区聚焦。 2018 年 3 月，贵州分别与东部帮扶省市签订了扶贫协作协议，7 个东部帮扶城市将继续向贵州投入各类财政帮扶资金 27.09 亿元，其中用于深度贫困县扶贫工作资金县均达到 3500 万元以上。积极推动实现东部结对帮扶贵州深度贫困村全覆盖。

基础设施建设向深度贫困地区聚焦。 中央安排贵州的重大基础设施建设项目优先布局在深度贫困地区，省、市安排的年度"四场硬仗"（产业扶贫硬仗、基础设施硬仗、易地扶贫搬迁硬仗、教育医疗住房"三保障"硬仗）项目优先在深度贫困地区实施。加快实施深度贫困地区农村饮水安全巩固提升工程和农村电网改造升级，大力推进农村人居环境整治，不断提高深度贫困地区基础设施建设水平。

全面建成小康社会 贵州全景录

贵州大力实施农村饮水安全攻坚决战行动,让所有农村群众喝上安全水、放心水!图为黔南州惠水县鸭绒乡人饮工程通水现场

　　帮扶力量向深度贫困地区聚焦。强化党政主要领导挂帅的极贫乡镇定点包干指挥长制,挂帮14个深度贫困县和20个极贫乡镇的省领导要亲自指挥,深度贫困县党政主要负责同志要切实担负起第一责任人责任,省直牵头部门和责任单位要各尽其责。进一步压紧压实"五主五包"责任链,选派精兵强将到深度贫困地区工作。积极引导企业帮扶、社会帮扶等各方力量更多向深度贫困地区聚焦。

9. 整合力量聚焦资源,构建决战贫困大扶贫格局

　　2015年6月18日,习近平总书记在部分省区市党委主要负责同志座谈会上强调:"扶贫开发是全党全社会的共同责任,要动员

七、贫困群众富起来：补齐全面小康的最大短板

和凝聚全社会力量广泛参与。要坚持专项扶贫、行业扶贫、社会扶贫等多方力量、多种举措有机结合和互为支撑的'三位一体'大扶贫格局，健全东西部协作、党政机关定点扶贫机制，广泛调动社会各界参与扶贫开发积极性。"贵州始终把社会扶贫作为实施大扶贫战略行动的一项重要工作，着力搭建多元社会扶贫主体参与脱贫攻坚的工作平台，创新完善人人愿为、人人可为、人人能为的社会扶贫参与机制，构建起政府、市场、社会协同推进扶贫开发的大扶贫工作格局。

各级各部门以党建帮扶为己任，以深度贫困县、贫困村为重点，相关单位和部门包村、干部驻村帮扶，全面参与脱贫攻坚战。坚持以党建扶贫为引领，促进专项扶贫、行业扶贫、社会扶贫等多方力量有机结合，动员全党全社会力量参与脱贫攻坚。开展定点帮扶，中央和地方的党政机关、企事业单位定点帮扶贫困县、贫困乡、贫困村。其中40个中央国家机关和有关单位定点帮扶贫困县50个；中央统战部、各民主党派中央、全国工商联与毕节市各县区结成帮扶对子，20多年坚持不懈助力贵州脱贫攻坚。全省组织推动选派"第一书记""万名干部驻村"行动，有力推动单位帮扶、文军扶贫、消费扶贫、金融扶贫、专家扶贫等专业化扶贫，组织民营企业、社会组织、公民个人参加脱贫攻坚，形成社会化扶贫的强大合力。建立领导挂帮机制，健全干部驻村帮扶工作制度，省级领导每人联系1个扶贫工作重点县、1个贫困乡镇，一定3年，不脱贫不脱钩。坚持配强基层干部力量，按照"一村五人"的标准排兵布阵，落实"一人驻村、单位全员帮扶"的攻坚战术，派出1.1万个脱贫攻坚突击队、5.5万多名干部开展驻村帮扶，对全省所有贫困村、贫困户实现全覆盖。党的十八大以来，累计选派21.93万名干部到村开

展帮扶。持续加强以村党组织为核心的村级组织建设，探索出发展型党组织、服务型党组织、产业型党组织等经验，广大基层组织发挥了战贫脱贫扶贫的战斗堡垒作用。

贯彻落实中央东西部扶贫协作部署，与上海、广州、深圳、青岛、宁波、大连、杭州、苏州等帮扶城市密切协作，聚焦聚力深度贫困区域和贫困人口，深化产业合作和帮扶落地。构建"东部企业＋贵州资源""东部市场＋贵州产品""东部总部＋贵州基地""东部研发＋贵州制造"等合作模式，以产业发展为重点，构建目标化、项目化、制度化、常态化扶贫协作机制，把资金、人才、产业引进来，把劳务和商务输出去，把东西部扶贫协作建设成为贵州对外开放的重要平台。

在民生帮扶方面，截至2019年，东部帮扶省市投入贵州财政帮扶资金32.8亿元，选派援黔干部360人，派出专业技术人才4214人，吸纳就业11281人；统筹东西部扶贫协作资金10.29亿元，用于实施易地扶贫搬迁安置点教育和卫生配套设施建设项目168个，其中学校配套114个、医疗类项目54个，打造"组团式"帮扶试点176个。促成东部帮扶城市与贵州2713个深度贫困村、3332所贫困县中小学、1168所乡镇卫生院完成结对。

在产业扶贫协作方面，围绕特色产业打造特色产品，打造公共品牌，促进合作经营，全产业链嫁接，共引导314家东部企业到贵州投资发展，直接或间接带动贫困人口9.93万人，帮助贵州8.46万贫困人口实现到东部城市就业或在省内就近就业。2019年贵州销售到东部城市的农特产品12.35万吨，销售额27.78亿元。上海市杨浦区以"组团式产业扶贫"为抓手，帮助正安县建立长效产业集群，打造了正安"半亩鸡""白茶""方竹笋""野木瓜"等农

七、贫困群众富起来：补齐全面小康的最大短板

产品名片，扶贫协作经验在全国推广。广州通过直销基地建设的方式，帮助纳雍县发展土鸡养殖，打造"纳雍滚山鸡"品牌，基地带动就业500余人，累计实现3676户贫困户13848人分红，支付土地流转费用600万元，培养了一批懂技术、会经营的新型农民队伍，增强了当地群众的脱贫"造血"能力。

精心部署和统筹推进国有企业"百企帮百村"、民营企业"千企帮千村"和"百千万行动"，在全国首创"企业包县、整体脱贫"的社会扶贫模式。贵州茅台酒厂（集团）有限责任公司等17家大型国有企业"一对一"结对帮扶贫困县17个，投入真金白银，突出真抓实干，帮助贫困县改善基础设施、发展民生事业、带动劳务输出、促进消费扶贫。全省5064家民营企业与5738个村开展"千企帮千村"行动，投入帮扶资金208.6亿元，帮扶贫困人口121.3万人；涌现出117家"千企帮千村"先进民营企业。企业积极参与扶贫产业全产业链发展，提供产业发展种养殖业、精深加工、电子商务等重要环节服务，提供资金、技术、防疫、冷链等要素服务，促进扶贫产业可持续发展。如毕节市在"千企帮千村"行动中，组织868家民营企业帮扶1098个村，投资55.4亿元发展产业扶贫项目380余个，惠及群众27.76万人。此外，还有若干全国著名民营企业积极参与贵州脱贫攻坚。如万达集团投入23亿元定点帮扶丹寨县，建设"丹寨万达小镇"，构建扶贫产业发展新机制，稳定带动贫困户就业创业。

10. 加强督查、完善激励，营造风清气正的扶贫环境

2018年2月12日，习近平总书记在打好精准脱贫攻坚战座谈会上指出："必须坚持把全面从严治党要求贯穿脱贫攻坚工作全过

程和各环节，实施经常性的督查巡查和最严格的考核评估，确保脱贫过程扎实、脱贫结果真实，使脱贫攻坚成效经得起实践和历史检验。"贵州实施大扶贫战略行动，不断健全监督机制，使系列战略部署能有效落地，为打赢脱贫攻坚战提供效率保障。同时注重完善激励机制，发挥典型引领作用，聚力脱贫攻坚。

一是建立完善监督体系，全面增强扶贫督查合力。制定脱贫攻坚工作督查实施办法，健全脱贫攻坚问责机制。在全国率先开展"护民生、促脱贫"监督执纪问责专项行动，组成1458个民生监督组对全省基层扶贫工作进行动态跟踪监督，及时纠偏处理。在全国率先开通省政府"扶贫专线"，2017年升格为省委、省政府"扶贫专线"，安排专人24小时值守，公开接受社会各界的监督。

二是建立完善激励体系。省委、省政府设立"扶贫荣誉"制度，每年表彰一批脱贫攻坚先进典型。5年来，受省级以上表彰先进单位100个、先进个人123人，涌现出姜仕坤、黄大发、邓迎香、余留芬、左文学等一批脱贫攻坚先进典型。动员国有企业、民营企业、社会组织和个人参与脱贫攻坚，汇聚各行各业400余名脱贫攻坚先进个人谱写"贵州脱贫攻坚群英谱"。

（二）扭住战贫久久为功

贵州实施大扶贫战略行动，由于把握住了要害，抓住了"牛鼻子"，不仅脱贫攻坚成效显著，被誉为脱贫攻坚的"省级样板"，全省经济增速也取得令人惊叹的成绩，连续8年居全国前三位。贵州经济社会发展取得的成绩，被习近平总书记赞誉为"党的十八大以来党和国家事业大踏步前进的一个缩影"。2018年，时任世界银行行长金墉到贵州考察后评价："贵州是我见过的最令人鼓舞的脱贫范例之一；贵州在努力消除贫困的同时，为发展中国家提供了宝贵经验。"

1. 善于把握重点，确保攻坚主题不"散光"

2012年12月，习近平总书记在河北省阜平县考察扶贫开发工作时指出："推进扶贫开发，推动经济社会发展，首先要有一个好思路、好路子。"善于把握脱贫攻坚中的主要矛盾和矛盾的主要方面，不要"眉毛胡子一把抓"，是确保扶贫开发"有一个好思路、好路子"的重要前提。

贵州以"六个到村到户"（结对帮扶干部到村到户、产业扶持到村到户、教育培训到村到户、农村危房改造到村到户、扶贫生态移民到村到户、基础设施到村到户）、"六个小康建设"（小康路建设、小康水建设、小康房建造、小康电建设、小康讯建设、小康寨建设）、"十项行动"（基础设施建设扶贫行动、产业和就业扶贫行动、扶贫生态移民行动、教育扶贫行动、医疗健康扶贫行动、财政金融扶贫行动、社会保障兜底扶贫行动、社会力量包干扶贫行动、特困地区特困群体扶贫行动、党建扶贫行动）等为抓手推进脱贫攻坚，随着大扶贫战略的深入实施，又以"春季攻势""夏秋行动"等为载体，扎实开展"四场硬仗""五个专项治理""四个聚焦""深入推进一场振兴农村经济的深刻的产业革命"，向贫困发起总攻。这些做法把握住了攻坚重点，理清了攻坚思路，明确了攻坚路子，抓住了攻坚的"牛鼻子"，因此取得脱贫攻坚的巨大成效。

2. 善于开拓创新，确保攻坚手段更精准

从贵州推进大扶贫战略行动的整个过程来看，持续的理念方法转换，不断地开拓创新，是脱贫攻坚工作始终保持活力的关键所在。贵州围绕党中央决策部署，结合本省实际进行脱贫攻坚的二次顶层设计，并注重借鉴国内外相关领域的智力成果和实践经验，鼓励各县市探索符合地方实际的脱贫攻坚道路，使精准理念和方式贯穿始终，切实解决了精准扶贫、精准脱贫的"四个问题"。

创新探索精准识别"四看法"（一看房，二看粮，三看劳动力强不强，四看家中有没有读书郎），对贫困户瞄准底数更清、指向更明、针对性更强；同时依托"扶贫云"系统，对识别对象进行再次甄别，切实解决了"扶持谁"的问题。围绕脱贫攻坚选好干部、配强班子，抓实基层、打牢基础，集聚人才、建强队伍的要求，选优配强脱贫攻坚队伍；按照习近平总书记"因村派人精准"的指示，从省、市（州）县直单位选派优秀人才到村担任"第一书记"，实现所有贫困村和党组织软弱涣散村全覆盖，切实解决了"谁来扶"的问题。按照精准扶贫"五个一批"（发展生产脱贫一批、易地搬迁脱贫一批、生态补偿脱贫一批、发展教育脱贫一批、社会保障兜底一批）的思路，依托"扶贫云"精准把脉，确定和分析每家每户的致贫原因，帮助政府部门和基层干部对症下药，为贫困户量身定制扶贫措施，切实解决了"怎么扶"的问题。率先在全国实行"减贫摘帽"的奖励政策，建立完善贫困户退出机制，防止数字脱贫、虚假脱贫，确保脱贫治理，切实解决了"怎么退"的问题。

3. 善于统筹力量，确保攻坚要素更聚焦

贵州广泛动员和凝聚各方面力量，聚焦脱贫攻坚各要素。采取

建立定期联络制度，推进定点扶贫；完善交流合作机制，强化对口帮扶；借助统一战线力量，深化"同心工程"；支持社会组织发展，打造扶贫公益品牌；开展"千企帮千村"等行动，发挥企业对口扶贫作用等方式构建大扶贫格局，社会扶贫成效显著，成为脱贫攻坚的重要力量。率先实现对全省贫困村、贫困户驻村帮扶的"两个全覆盖"，做到了尽锐出战。大力弘扬"团结奋进、拼搏创新、苦干实干、后发赶超"的新时代贵州精神，不断激发和培育贫困地区、贫困群众内生动力和自我发展能力。

4. 善于狠抓落实，确保攻坚目标能落地

贵州以精准扶贫政策体系设计为抓手，以政策文件的形式，对各部门工作作出制度化安排，做到工作目标细化、工作责任明确，确保各部门不折不扣地落实大扶贫战略系列部署。同时狠抓政策执行环节，从省委、省政府政策设计的"最初一公里"到政策落地的"最后一公里"，都做到压力层层传导、"军令"字字生威、资源户户配达，确保攻坚目标完整落地。

（三）战略行动纲举目张

贵州深入实施大扶贫战略行动，既是落实中央决策部署的具体实践，也是彻底解决贵州千百年来绝对贫困问题的关键举措。作为一种实践创新，贵州大扶贫战略行动在创造、积累宝贵经验的同时，也为落后地区消除贫困带来了很多启示。

1. 实施大扶贫战略必须以习近平总书记扶贫论述为思想武器

习近平总书记提出的一系列关于扶贫开发的新理念、新思想、新战略,将马克思主义反贫困理论与中国实践紧密结合,形成马克思主义反贫困理论中国化的最新理论成果,为全球贫困治理提供了"中国智慧"。贵州省以习近平总书记扶贫论述为行动指南和根本遵循,并将其与贵州大扶贫战略实践有机结合,从而找到了攻坚方向,把握了攻坚重点,获得了攻坚动力,做到了扶真贫、真扶贫、真脱贫,并把全面从严治党要求贯穿脱贫攻坚全过程,不折不扣地落实好中央决策部署,最终取得脱贫攻坚的巨大成效。

2. 实施大扶贫战略必须以系统思维为方法论指导

贵州省实施大扶贫战略行动,按照责任履行"担担子"、任务落实"钉钉子"的要求,形成了人人出力、个个干事的良好局面。从构建现代治理体系的高度谋划大扶贫战略,凝聚了脱贫攻坚的合力,在实现脱贫攻坚目标的同时,建立健全贫困治理体系,为脱贫成效的巩固和乡村振兴战略的实施提供重要的治理经验,奠定重要的治理基础。

贵州以脱贫攻坚统揽经济社会发展全局,全力实施大扶贫战略行动,使贫困地区的存量资源得以有效盘活,形成区域经济发展的新引擎,支撑起贫困地区经济的新一轮增长。而区域经济的发展,又为贫困地区带来了公共设施的完善、公共财政的增加、就业机会的增多,进而带动贫困人口一起发展。实现了区域发展与精准扶贫两个轮子一起转、两种成果一起收。

3. 实施大扶贫战略必须以制度创新为重要保障

贵州实施大扶贫战略行动，在习近平总书记扶贫论述的指引下，充分发挥实践智慧和理论勇气，结合区域实际主动创新。始终把以人民为中心的发展思想贯穿精准扶贫、精准脱贫全过程。为了消除贫困群众致贫因素，满足贫困群众脱贫需求，激发脱贫攻坚斗志，贵州大胆消除体制机制障碍，建立更加协调、更有效率、更可持续的脱贫攻坚新体制，并逐步健全考核方式、巡查问责、激励引导等新机制，提高脱贫攻坚效率。这些做法深化了社会主义制度下对农村贫困问题的认识，探索了符合辩证唯物主义和历史唯物主义的反贫困规律，丰富了社会主义反贫困理论。而诸多理论创新，又进一步指导了新的反贫困实践，形成理论与实践互促互进的格局。

八、贵州的全面小康之路：经验及启示

贵州推动经济后发赶超，实现与全国同步全面建成小康社会的伟大梦想，其经济社会发展取得的成绩，被习近平总书记赞誉为"党的十八大以来党和国家事业大踏步前进的一个缩影"。贵州在努力消除贫困、同步全面建成小康社会的过程中，积累了重要经验，收获了深刻启示。

八、贵州的全面小康之路：经验及启示

（一）党的领导是根本

党的领导是贵州同步全面建成小康社会的最大政治优势。中国共产党的坚强领导，是贵州决战决胜脱贫攻坚、同步全面小康的根本政治保证。

习近平总书记始终心系贵州发展，情系贵州人民，在贵州发展的每一个关键节点，都从战略和全局高度为贵州指方向、明任务、定目标。2011年，习近平总书记亲临贵州视察，对贵州工作作出一系列重要指示。在习近平总书记等中央领导同志的关心推动下，2011年7月，国务院批准实施《贵州省水利建设生态建设石漠化治理综合规划》；2012年1月和9月，《国务院关于进一步促进贵州经济社会又好又快发展的若干意见》（国发〔2012〕2号）和《黔

一路奋进，一路跨越，贵州正沿着全面小康之路阔步前行。图为世界上最大跨径的钢桁梁斜拉桥——贵黔高速鸭池河大桥

中经济区发展规划》相继出台；2013年9月，国务院批复设立贵阳综合保税区；2014年1月，国务院批复设立贵安新区……中央的关怀、国家的支持，为贵州的发展注入强大动力。

2014年3月全国两会期间，习近平总书记参与贵州代表团审议时指出，经过这么多年一届接着一届持续努力，贵州已经进入后发赶超、加快全面小康建设的重要阶段；要创新发展思路，发挥后发优势；正确处理好生态环境保护和发展的关系，是实现可持续发展的内在要求，也是推进现代化建设的重大原则。习近平总书记对贵州发展给予充分肯定和极大鼓励，既增强了贵州加快发展、推动跨越的信心，也为贵州进一步发展理清了思路。2015年6月16日至18日，习近平总书记亲临贵州视察，充分肯定了贵州工作，认为贵州发展形势持续向好，各方面工作不断有新进展新亮点，城乡面貌变化很大，让人有焕然一新之感。要求贵州守住发展和生态两条底线，培植后发优势，奋力后发赶超，走出一条有别于东部、不同于西部其他省份的发展新路。总书记的指示，为贵州发展赋予了新使命，描绘了新蓝图，确立了新坐标，指明了新方向。

2016年8月15日，国务院发布《关于同意设立贵州内陆开放型经济试验区的批复》，以此为支撑，贵州深入推进对外开放，在开放平台、招商引资、投资环境和政府服务等方面取得显著成绩，有力地推动了贵州经济社会发展。

2017年10月，中国共产党第十九次全国代表大会在北京召开。党的十九大召开期间，习近平总书记在贵州省代表团发表重要讲话，对贵州充满关怀厚爱，寄予深切厚望，提出了新时代贵州工作的总体要求，希望贵州"全面贯彻落实党的十九大精神，大力培育和弘扬团结奋进、拼搏创新、苦干实干、后发赶超的精神，守好发展和

八、贵州的全面小康之路：经验及启示

生态两条底线，创新发展思路，发挥后发优势，决战脱贫攻坚，决胜同步小康，续写新时代贵州发展新篇章，开创百姓富、生态美的多彩贵州新未来"。习近平总书记的指示，为贵州做好各项工作提供了根本遵循和强大动力。

2018年，习近平总书记先后向2018中国国际大数据产业博览会、生态文明贵阳国际论坛2018年年会致贺信，对毕节试验区工作作出重要指示。2021年，习近平总书记视察贵州，赋予贵州"闯新路、开新局、抢新机、出新绩"的新目标、新定位。党中央的亲切关怀，为贵州同步全面建成小康社会创造了最有利条件，带来了最重大机遇，注入了最强劲动力。

生态文明贵阳国际论坛已成为传播习近平生态文明思想的重要平台。图为2021年生态文明贵阳国际论坛会场外景

伟大胜利昭示我们,习近平总书记是全党高度信赖的"主心骨",是全国人民完全可以依靠的"顶梁柱",是我们党和国家行稳致远的"定盘星"。只要我们坚定不移做到"两个维护",把总书记重要指示精神作为一切工作的根本遵循,就一定能够续写新的伟大篇章,夺取新的伟大胜利,创造新的伟大奇迹!

(二)中国特色社会主义制度是底气

党的领导为全面建成小康社会提供了坚强政治和组织保证,社会主义制度集中力量办大事的政治优势为全面建成小康社会汇聚起强大力量。

在加强党的领导方面,贵州省牢记嘱托,感恩奋进,坚持五级书记抓扶贫,主动扛起脱贫攻坚历史重任。在省级层面,对习近平总书记的每一次重要指示要求,对中央的每一项决策部署,都通过召开省委常委会、省委中心组学习会、省政府常务会、省扶贫开发领导小组会等,第一时间组织学习贯彻、推进落实。坚持脱贫攻坚"双组长制"和"指挥长制",常态化研究部署脱贫攻坚工作。在市级层面,健全完善市、县、乡、村脱贫攻坚指挥调度平台,突出以县为主,以乡为战区,以村为阵地,以村民组为堡垒,形成严密的作战指挥调度体系。落实任务链,扣紧责任链;制定作战图,实行倒计时;做到精准指挥、精确打击,确保令行禁止、尽锐出战。健全问题反馈销号机制,精准研判存在问题,全面销号管理,严格督查考核,以精准的指挥调度推动各项工作落地落实。为确保每一项精准扶贫政策落地开花,贵州省、市、县、乡层层签订了1.62万份脱贫攻坚责任书,层层传导压力。全面推进"五主""五包"工作责任制，即抓好"党委主责、政府主抓、干部主帮、基层主推、社会主扶"的关键环节，责任落实到人头，由省领导包县、市（州）领导包乡、县领导包村、乡领导包户、党员干部包人。每年选派5万多名干部组成1万多个驻村工作组开展党建扶贫。选优配强村级领导班子，发挥基层党组织抓脱贫攻坚的战斗堡垒作用。

在社会帮扶方面，贵州深化东西部扶贫协作和定点扶贫。推进东西部携手奔小康行动贫困县全覆盖，并向贫困村延伸。每个市州培育打造1个以上东西部扶贫协作产业园区，吸引东部的产业、信息、人才、资金等发展资源要素支持贫困地区发展。把贵州省绿色优质农产品和旅游景区等推向东部市场，实现互利共赢。利用定点帮扶贵州的中央国家机关和企事业单位的强项业务，并完善好相关交流磋商工作机制，提高定点帮扶成效。仅"十三五"期间，东部7个帮扶城市累计投入财政帮扶资金114亿元，实施帮扶项目5932个；40家中央定点单位帮扶贵州省50个贫困县，直接投入帮扶资金33.8亿元，实施帮扶项目3551个，澳门特别行政区帮扶从江县成为"一国两制"伟大实践在脱贫攻坚中的生动体现。开展国有企业"百企帮百村"行动，推进国有企业结对帮扶贫困县；引导中央在黔、省管和省外驻黔国有企业通过发展产业、对接市场、安置就业等多种方式帮助贫困户脱贫。深入推进民营企业"千企帮千村"行动，引导民营企业积极开展产业扶贫、就业扶贫、公益扶贫。5849家民营企业共帮扶6914个村，其中，万达丹寨扶贫入选联合国全球减贫案例。充分发挥民主党派、工商联和无党派人士在精准扶贫上的优势和作用，支持统一战线参与毕节试验区等地区的脱贫攻坚，统一战线帮扶下的毕节试验区成为"贫困地区脱贫攻坚的一个生动典型"。发挥群团组织优势，聚焦社会各方面资源助推脱贫攻坚战。

伟大胜利昭示我们，中国共产党领导和中国特色社会主义制度是我们攻坚克难、夺取胜利的信心和底气所在，只要我们始终坚持党的领导，坚定"四个自信"，充分发挥我国社会主义制度的优越性，就一定能够在前进的道路上无坚不摧、无往不胜！

（三）以脱贫攻坚统揽经济社会发展全局

贵州紧紧抓住贫困落后的主要矛盾，把脱贫攻坚作为最大的政治、最重的任务、最严的责任，连续3年以脱贫攻坚为主题召开省委全会，一切工作都向脱贫攻坚发力，一切工作都与脱贫攻坚融合，一切工作都为脱贫攻坚服务，做到目标不变、靶心不散、频道不换。2021年，面对世纪疫情和严重汛情，贵州全力做好"加试题"，打好收官战，兑现了"打赢两场战役、夺取两个胜利"的庄严承诺。

伟大胜利昭示我们，抓住主要矛盾集中攻坚，是打赢脱贫攻坚战的关键之举。只要我们准确识变、科学应变、主动求变，把工作重心转移到以高质量发展统揽全局上来，奋力推进"四新""四化"，就一定能够谱写全面建设社会主义现代化的贵州精彩篇章！

（四）因地制宜，精准施策

贵州按照中央要求，结合贵州实际，出台一系列超常规政策举措，探索一系列精准管用的"贵州战法"，连续3年开展"春季攻势""夏秋决战""秋后喜算丰收账""冬季充电"等行动，打好

八、贵州的全面小康之路：经验及启示

"四场硬仗"，探索形成了"八要素""六个坚持""五个体系"等攻坚打法，创新建立了"双台账""双责任""双销号""双问责"等工作机制。

创新探索精准识别"四看法"，实现对贫困户瞄准底数更清、指向更明、针对性更强；同时依托"扶贫云"系统，对识别对象进行再次甄别，切实解决了"扶持谁"的问题。围绕脱贫攻坚选好干部、配强班子，抓实基层、打牢基础，集聚人才、建强队伍的要求，选优配强脱贫攻坚队伍；按照习近平总书记"因村派人精准"的指示，从省、市（州）、县直单位选派优秀人才到村担任"第一书记"，实现所有贫困村和党组织软弱涣散村全覆盖，切实解决了"谁来扶"的问题。按照精准扶贫"五个一批"的思路，依托"扶贫云"精准把脉，确定和分析每家每户的致贫原因，帮助政府部门和基层干部对症下药，为贫困户量身定制扶贫措施，切实解决了"怎么扶"的问题。率先在全国实行"减贫摘帽"的奖励政策，建立完善贫困户退出机制，防止数字脱贫、虚假脱贫，确保脱贫治理，切实解决了"怎么退"的问题。

伟大胜利昭示我们，务求精准是打赢脱贫攻坚战的制胜法宝，改革创新是贵州脱贫攻坚的鲜明特征。只要我们坚持一切从实际出发，把中央精神与贵州实际紧密结合起来，用发展的办法和创新的精神研究问题、破解难题，就一定能够为高质量发展提供科学路径和持久动力！

（五）一切为了人民，紧紧依靠人民

贵州坚持把脱贫攻坚作为"第一民生工程"，着力解决贫困群众吃饭穿衣等基本民生需求，着力解决贫困群众出行、上学、就医、住房、饮水等切身利益问题，着力解决事关贫困群众长远发展的产业、就业问题。

贵州坚持志智双扶，激发脱贫内生动力，深入开展"牢记嘱托、感恩奋进"教育，引导贫困群众打破"靠着墙根晒太阳、等着政府送小康"的思想，点燃了贫困群众创造美好生活的激情。党的十八大以来，贵州广大干部群众以"等不得"的紧迫感、"慢不得"的危机感、"松不得"的责任感，奋力干出了一片新天地，涌现出了为"中国天眼"燃尽一生的南仁东、"一生只为一条渠"的黄大发、绝壁凿山路的"女愚公"邓迎香等英雄人物。他们不忘初心，牢记使命，勇于担当，甘于奉献，是贵州各族干部群众不畏艰险、奋力攀高、赶超跨越、苦干实干的真实写照，在"经济洼地"里构筑起"精神高地"，引领贵州人民在新时代的征程上无畏向前，努力开创百姓富、生态美的多彩贵州新未来。

伟大胜利昭示我们，始终做到发展为了人民、发展依靠人民、发展成果由人民共享，对创造新时代美好生活至关重要。只要我们始终坚持以人民为中心的发展思想，尊重人民群众主体地位和首创精神，解决好人民群众所急所盼所思所忧，就一定能够不断创造出更多令人刮目相看的人间奇迹！

（六）全面从严治党贯穿始终

贵州坚持求真务实、较真碰硬，扎实开展两轮"五个专项治理"，开展脱贫攻坚专项巡视，常态化开展"访村寨、重监督、助攻坚"

专项行动，办好"扶贫专线"，组建699个督战队挂牌督战，确保扶贫工作务实、脱贫过程扎实、脱贫结果真实。

贵州坚持抓党建促脱贫攻坚，选派4.5万名骨干力量到"第一书记"和驻村干部队伍中，调整15名推动脱贫攻坚不力的贫困县党政正职和493名不胜任、不尽职的村党组织书记，整顿4977个软弱涣散村党组织。

贵州坚持以正确用人导向引领干事创业导向，注重选拔重用脱贫攻坚一线干部，连续3年召开全省脱贫攻坚"七一"表彰大会，完善关心关爱脱贫攻坚一线工作人员的政策体系，激励全省各级党组织和广大共产党员在脱贫攻坚主战场担当作为。

伟大胜利昭示我们，坚持严的要求、实的导向是脱贫攻坚取得胜利的有力保证。只要我们不断弘扬求真务实、真抓实干的过硬作风，纵深推进全面从严治党，就一定能在新的长征路上创造出无愧于时代、无愧于人民、无愧于历史的新业绩！

（七）全面小康，"一个都不能少"

贵州的全面小康建设，坚持不以省的全面小康代替县县建成全面小康、不以平均数代替大多数、不简单以指标数值代替老百姓直观感受的"三个不能代替"原则，突出人均地区生产总值、城乡居民收入、环境质量指数"三项核心指标"，以县为单位开展同步小康创建活动，找到了建设实实在在、不含水分、老百姓认可、生态环境与经济发展相协调的全面小康之路的重要着力点。省委、省政府强调要常抓不懈、久久为功，奋力实现全面建成小康社会，一个民族不能少，一个县不能少，一个乡镇不能少。

在小康建设实践中，贵州出台《中共贵州省委 贵州省人民政府关于支持民族自治州脱贫攻坚同步小康的意见》，倾力支持3个民族自治州提升脱贫攻坚发展能力，赋予3个民族自治州在投资审批、土地和矿产资源管理、生态建设和环境保护、财政金融、人才开发等方面的省级经济社会管理权限，增强脱贫攻坚的统筹能力。推动形成省、市、县、乡四级强大合力，对全省民族乡实施特色产业发展、基础设施建设、基本民生保障、民族文化传承、生态文明建设等同步小康创建五项攻坚行动。深入实施人口较少民族聚居行政村率先全面小康计划，实施"五通十有"重点工程，支持毛南族和仫佬族2个人口数量较少民族的63个聚居村率先全面小康；推进"1+10"扶贫政策落地生根，特别是强化对2047个少数民族特别贫困村脱贫攻坚的支持；落实好"六个优先安排"，推动瑶族、壮族、蒙古族、满族、毛南族、仫佬族、畲族、羌族8个人口数量较少民族聚居贫困村加快整体脱贫进程，奋力实现全面小康建设"一个民族不能少"。

贵州用"五大工作机制"确保同步全面建成小康社会"一个县不能少"。一是用好统筹协调机制。紧紧围绕省委、省政府《关于以县为单位开展同步小康创建活动的意见》，及时调整完善省、市、县三级全面小康建设工作领导小组，推动省、市、县、乡、村形成五级联动、齐抓共促的同步小康创建工作格局。二是用好分类推进机制。坚持把加快县域经济发展作为实现同步小康的关键支撑，分四个方阵精准指导、分类施策，有针对性地研究解决县域经济发展中的重大问题，全力推动城区方阵走在前列、县域第一方阵率先发展、县域第二方阵增比进位、县域第三方阵绿色崛起。三是用好典型示范机制。继续开展不同层次、不同类型的同步小康示范创建活动,把全面小康目标要求变成可完成、可实现的具体步骤,变成看得见、摸得着的具体实践,变成城乡面貌的实际变化和活生生的实物进度,扎扎实实走出一条由易到难、由典型到普遍的全面小康建设路径。四是用好统计监测机制。根据国家"一省一策"的精神,进一步完善"贵州省以县为单位全面建设小康社会统计监测指标体系",持续开展全面小康统计监测工作,定期形成监测分析报告。五是用好群众认可机制。不断完善同步小康创建达标县人民群众认可度测评方案,扎实开展入户调查、电话调查、网络调查,准确评价人民群众对同步小康创建成果的认可度。另外,贵州群策群力帮促发展困难县,省扶贫办、省财政厅等部门和单位,在政策、项目、资金等方面对望谟、威宁等13个困难县予以倾斜支持;贵州茅台酒厂(集团)有限责任公司等18家国有企业结对帮扶道真等18个重点贫困县,不脱贫不脱钩,为实现全面小康"一个县不能少"筑牢底线。

贵州全力打赢民族乡脱贫攻坚战、同步小康攻坚战,省领导亲自挂帅成立20个指挥组,对威宁彝族回族苗族自治县石门乡、晴隆县三宝彝族乡等20个极贫乡镇实施定点帮扶,集中打好脱贫攻坚战,实现全面小康"一个乡镇不能少"。

(八)村庄里的小康实践

贵州的每一个村从贫困迈向小康,都具体而生动地映射着贵州全面建成小康社会的发展进程和实践经验。在新中国成立70周年之际，贵州省政协农业农村委员会联合贵州省社会科学院组织开展了一次"百村调查"。通过梳理，"百村"从贫穷落后迈向全面小康，留下一些可值得借鉴的经验。

1. 有战斗力强的基层党组织

1982年中共中央转发的《全国农村工作会议纪要》即"中央一号文件"明确指出：落实党在农村的一切方针、政策和完成各项工作任务，都必须依靠农村基层组织，包括党的组织、政权组织、经济组织和群众团体，否则一切工作都会落空。2015年，《中共中央 国务院关于打赢脱贫攻坚战的决定》把"切实加强贫困地区农村基层党组织建设,使其成为带领群众脱贫致富的坚强战斗堡垒"作为坚决打赢脱贫攻坚战的基本原则之一。中国多年的减贫实践，创造出了许多通过基层党组织带领群众摆脱贫困的成功案例，谱写了一个个依靠内生力量发展致富的动人篇章，这说明，"扶贫开发根基在基层，重心在基层，活力也在基层。党建扶贫核心在党建，优势也在党建。抓基层党的组织建设，是党建扶贫工作的根本点、着力点"。"讲凝聚力，必须讲核心，农村脱贫致富的核心就是农村党组织"。通过观察100个村的发展变迁轨迹发现，如果基层党组织软弱涣散，村域经济发展就会受到影响；反之，在反贫困成效突出的村，总能看到一个坚强的基层党组织战斗堡垒。农村党组织带领群众脱贫致富具备如下共性特征：

第一，结合实际寻找路子。面对全村"山上光秃秃、屋里干穷穷"的苦境，海雀村党支部书记文朝荣向全村群众提出了"山上有林才能保山下，有林才会有草，有草才能喂牲口，有牲口才能有肥，有肥才能有粮"的发展思路。面对"不沿路、不沿河、不沿城，缺水、缺地、更缺钱"的困境,青杠坝村党支部书记冷朝刚认为不能再困守贫瘠土地,继续走"生活靠种田、收入靠打工"的老路,提出要"山上建生态果园、山腰建农家乐园、山下建蔬菜田园"的发展新路。

第二,找好路子带头一起干。海雀村村民每天听文朝荣像念经一样讲退耕还林的好处,也逐渐开窍了,有的还主动找上门来商量此事。大家都豁出去了,干起活来可以说是"早晨出门天不亮、夜晚进屋月亮上"。青杠坝村党支部为打消大伙疑虑,冷朝刚便带头在自家地里搞起大蒜、辣椒、西瓜轮作试验并取得成功。村民开始跟着干了,冷朝刚就用自家房产作抵押贷款给村民买种子,一家一家地教技术。如今,大蒜、西瓜、辣椒已成青杠坝村家家户户的产业,村民从土地上获得的收入翻了多倍。

第三,关心群众,扶持弱者。海雀村党支部书记在分配救济粮时要求:"穷的不止一家两家,必须让最困难的先来,救命粮一定要给最饿的人先吃。"还有村民说:"他喊人帮我修房子,还给大家说,做完了各人回家吃饭,不要麻烦老人家。"文朝荣不仅随时随地想到群众的疾苦和急事难事,而且想到了,看到了,就一定会想办法解决,把事情落到实处。在青杠坝村,村里党员干部把弱势群体奔小康作为自己的义务来履行,把尊老爱幼、扶弱济困、创新创业、遵纪守法、爱护环境、乐于奉献作为村风来弘扬。

第四,注重激发群众的主动性。海雀村通过基层民主,制定规章制度,让群众自己管理自己。村党支部认为:不仅要把群众当亲人,还要做到动之以情、晓之以理、定之以制,问题才能冰消瓦解。青杠坝村推行海选村委会主任、副主任、委员的制度,村委会领导班子成员每年向村民述职,由村民评议其工作成绩。村里的发展规划、村规民约、公共设施建设等一律提交村民大会讨论通过,激发了村民参与新农村建设的主体意识和积极性。村民评价说："在我们村，村干部最讲民主，村里的大事都由村民作主，村民自觉遵章守法，全村没有一起违法犯罪活动，没有一起上访事件和民事纠纷，党员干部没有一起违纪违法事件发生。"

第五，做个清清白白的老实人。村民如此评价文朝荣："文老支书是个正直人、公道人，不管对哪个，他绝对不偏不倚。"文朝荣生前常说："做啥子事都要一碗水端平……世间只有千年的名，没有千年的人，一定要堂堂正正做人、清清白白做事。"青杠坝村刚开始发展辣椒种植时，为降低村民可能承担的风险，冷朝刚与村民签订辣椒每斤1元的收购协议。但当年市场行情突变，辣椒售价每斤降至3毛钱，冷朝刚却仍然按协议自掏腰包收购辣椒，收一斤赔一斤，赔了近10万元。冷朝刚说："我不吃这个亏就要失信于人，谁还跟着你村干部走？"两个村的领头人，在带领村民发展致富的过程中，都要求自己做个清清白白的老实人。正是这种"不忘初心、牢记使命"的责任担当，才能获得群众的认可，让群众积极自愿地投身到脱贫攻坚中来。

2. 推动产业发展组织方式的变革

在追求温饱的时代，粮食的快速增收体现了家庭联产承包责任制的优越性。家庭联产承包责任制的核心是"统分结合的双层经营体制"，但现实的情况却是，实施家庭联产承包责任制之后，集体经济名存实亡。据中共贵州省委政策研究室的一项调查显示，2015年末，全省无集体经济收入的空壳村有4229个，占所有行政村的28.19%。即使在有集体经济的村，村集体与农户之间的关系也较为松散。统分结合的双层经营体制，"分"得很彻底，却"统"得

八、贵州的全面小康之路：经验及启示

不成功，农村经济成为实质上的小农经济。

邓小平同志指出，在农村实现"第一次飞跃"——让家庭联产承包责任制恢复农村生产，解决农民的吃饭问题后，必须进行"第二次飞跃"，要"适应科学种田和生产社会化的需要，发展适度规模经营，发展集体经济"。但人们在解决了基本生活需要之后，"第二次飞跃"并没有完成。在广大农村，依然延续着以家庭承包为主要生产模式的小农经济。特别是当社会进入耐用消费品时代之后，农民面临着越来越大的市场化冲击和货币支出压力，小农生产只能解决吃饭问题，很难解决经济收入问题，其局限性在

贵州大力推动农业生产经营规模化、产业化。图为农民在盘州市盘关镇刺梨基地查看成熟刺梨品质情况

实践中越来越明显。青杠坝村人民群众曾经就过着"生活靠种田、收入靠打工"的日子，很难致富。在现代市场体系下，要推动农村发展，必须推动土地资源的有效流转和生产资料的优化配置，实行农业生产经营的规模化、集中化和产业化，进而实现农村发展的"第二次飞跃"。

"百村调查"发现，凡是经济社会取得巨大发展、群众生活发生翻天覆地变化的村，都是紧随时代发展潮流，积极推动农村产业革命，优化配置生产资源，进而实现农村发展"第二次飞跃"的村。他们的发展主要有如下几种模式：

第一，"村企一体"发展模式。盘州市岩博村党支部带领村民大力发展农村产业，先后办起了特种养殖场、煤矸石砖厂、农家山庄、小锅酒厂、火腿加工厂等经济实体，让村级产业和群众收入实现了滚雪球式的发展。三穗县颇洞村以"党支部＋合作社＋基地＋农户"的模式，由村党支部来领办合作社，由党支部引领发展，合作社推动产业，党员带头示范，群众广泛参与，简单来说就是"办属于村集体的'央企'，让村民当'老板'，'饭碗'由自己来端"。思南县鱼溪沟村把全村的土地集中起来，规模发展经济作物，实行统一规划、统一管理、统一销售，让村民以土地入股分红，并在基地务工增收，同时盘活全村资源，因地制宜发展特色优势产业，大力发展壮大村级集体经济。

第二，"公司＋合作社＋农户"发展模式。紫云苗族布依族自治县新山村面对"种地不赚钱、打工荒了田"的困境，主动推进农业发展方式的组织变革。按照"支部＋合作社＋农户"的模式，以土地流转、土地入股、资金入股方式成立新山茶叶种植专业合作社，盘活闲置村资源；建立"七统三入"工作机制，即统一选苗、统一管理、统一加工、统一标准、统一服务、统一销售、统一分配，提高茶叶生产品质。同时引入龙头企业带动产业发展，最后形成"公司+合作社+农户"的发展模式，助推乡村产业发展。望谟县洛郎村在光秀公司的帮扶下，成立了板栗种植专业合作社，采取"公司+基地+合作社+农户"的模式，带领群众重点发展板栗产业，改变了单家独户生产时单产低、价格低、效益低的"三低"现象，使板栗树成功变身"摇钱树"。

第三，"村企联建"发展模式。罗甸县五星村按照"以村带企、借企强村、村企共荣"的工作思路，通过"党企共创、发展共谋、责任共担、利益共享"的村企联建模式，积极发展壮大了村级集体经济，实现了企业与党组织优势互补、生产要素优化配置，村企互惠互利、共存共荣。

第四，"一村一公司"发展模式。普定县以供给侧结构性改革为主线，提出做优特色农业，重点发展对贫困户增收带动作用明显的韭黄、茶叶、食用菌、肉兔"三种一养"主导产业，并向全县各行政村注入100万元发展资金。按照县级总公司指导、乡级分公司把关、村级子公司经营的方式，全面推行"一村一公司"，走出一条集体经济有实体、脱贫致富有路子、农村发展有后劲的新路。焦家村因地制宜发展韭黄产业。为调动村民参与韭黄产业发展的积极性，镇公司在焦家村设立了办公地点，具体承担资金筹措、物资采购、产品营销等事宜；村公司实行支部书记和公司法人一肩挑，村支"两委"与村级公司交叉任职，主要负责组织人员进行生产管理；村民则结合自己的实际情况，或到种植基地务工，或负责生产管理，或从事机修、驾驶业务，收入来源有务工报酬、土地租金、公司盈利分红三个方面。村公司韭黄产业壮大后，贫困户实现了"家门口就业、稳定增收不发愁"的愿景,还吸引了外出务工能人回乡就业创业,推动了村级产业进一步发展壮大。

第五,"三变"改革发展模式。水城县俚么村依托政府搭建的各类平台,通过"三变"改革,鼓励农户以土地承包经营权、技术、劳动力入股润永恒公司,获得保底分红和收益分红;参与经营管理、获得务工工资和管理地块利润分红。通过股份合作这个纽带,村民既参加劳动,又集资入股,实行按劳分配与按股分红相结合,将公司效益与农户利益紧密联系起来,构建起了农民与企业紧密型的合作关系,形成了风险共担、利益共享、发展共谋的利益联结机制。在推进公司快速发展的同时,促进了农民增收。

3. 推动生态与扶贫有机结合

2014年3月,习近平总书记在参加十二届全国人大二次会议贵州代表团审议时强调,贵州要"切实做到经济效益、社会效益、生态效益同步提升,实现百姓富、生态美有机统一"。2015年6月,习近平总书记在视察贵州工作时提出"守住发展和生态两条底线,培植后发优势,奋力后发赶超,走出一条有别于东部、不同于西部

八、贵州的全面小康之路：经验及启示

贵州始终遵循生态理念，发挥生态优势助力脱贫攻坚、全面小康。图为黔东南州从江县加榜梯田

其他省份的发展新路"的要求。实施生态扶贫，既发挥了贵州的优势，将生态优势转化为经济优势；又弥补了部分生态脆弱地区的不足，守好了生态底线。

2018年1月，《贵州省生态扶贫实施方案（2017—2020年）》（黔府办发〔2018〕1号）印发，提出实施退耕还林建设扶贫工程、森林生态效益补偿等生态扶贫十大工程。2018年，兑现退耕还林补助资金 23.53 亿元、公益林生态效益补偿资金 10.07 亿元。通过创建生态护林员的公益性岗位实施精准扶贫，提供长期就业岗位 6 万个，直接带动 20 万以上贫困人口脱贫。通过实施林业重大生态工程带动贫困群众脱贫，全省 83% 左右的林业建设项目资金安排在集中连片贫困地区，327 个林业工程项目优先吸纳建档立卡贫困劳动力就业，累计 16 万人参与工程建设，支付劳动报酬 3.19 亿元，人均获得近 2000 元。

在实践层面，各村结合村域实际，遵循生态理念，发挥生态优势，因地制宜利用生态资源开展脱贫攻坚，形成了生态扶贫的贵州经验。

第一，变生态劣势为生态优势发展致富。关岭自治县峡谷村把石漠化治理作为加快经济社会发展首要任务，在贫瘠的石山上搬石造地、植树保土。经过 20 多年的艰苦努力，共组织投工 90 多万个，完成坡改梯面积达 1 万多亩，完成土石方 80 多万方，人均坡改梯面积达 1 亩，人均增加耕地 0.5 亩，人均占有粮达到 400 公斤，种植地埂经济林木 20 余万株，筑起了一道道护山长堤。按照"以产业化发展促进石漠化治理、以石漠化治理带动产业化发展"的思路，以建设现代高效农业园区为引领，按照"工程措施＋生物措施＋产业扶贫＋科技支撑"的模式，充分利用独特的自然条件开发出了一批具有地方特色的农产品，走出了一条石漠化山区现代农业综合开发新路子，全村面貌发生了巨大变化。

印江土家族苗族自治县昔蒲村在石旮旯里砌墙，从山脚一担担把泥土运到山腰，填补石缝，培土增地。曾经长不出庄稼的石旮旯，一棵棵稚嫩的柑橘苗逐渐长成了壮硕的柑橘树，并开始挂果。流失的土地恢复了，裸露的山体重新裹上绿装，村民的钱包也逐渐鼓起来了，吃饭问题迎刃而解。为使产业多样化，增强本土水果的市场竞争力，增加群众的收入，昔蒲人再一次大胆创新，探索分区栽种或在柑橘林间种樱桃、西桃、李子、红香柚。春去秋来，昔蒲人养树如养儿女，桃子、李子、柑橘、柚子逐年染绿山头，呈现出春夏秋冬美景常在、一年四季花果飘香的靓丽景象。

第二，发展林业经济，建设绿色银行。册亨县福尧村乘上了农村改革东风，家家户户响应党委政府号召，纷纷种上了亚热带速生杉木林，经过几年努力，全村所有的荒山满是绿油油的杉树。全村拥有林地面积26128.95亩，杉木林面积14000多亩，林业产值达到8000万元。福尧人还利用杉木林进行林下养鸡，利用水资源养鸭、养鹅等，发展畜牧业，户均年出栏"生态鸡""生态鸭""生态鹅"150羽左右，拓展多元化增收渠道。如今的福尧，彻底摆脱了贫困，扬眉吐气，开启了新的追梦之旅。

安龙县笃山镇坡老村从前流传的一段顺口溜："开荒开到山尖尖，种地种到天边边。辛辛苦苦种一季，勉强糊口吃半年！"道出了这个罹患"地球癌症"的石漠化喀斯特深度贫困村的辛酸。该村自2002年实施退耕还林以来，在荒山上种上了金银花、李子、核桃、板栗，现在又种上石斛，通过努力，村民们将荒山变成了"金山银山"。

4. 用好"两个宝贝"发展旅游

生态环境和民族文化是贵州的"两个宝贝"。把生态环境和民族文化"两个宝贝"转变为经济优势，一直是贵州省扶贫开发工作的重要内容。早在20世纪90年代，贵州就在全国率先提出了"旅游扶贫"的发展思路，选择了安顺石头寨，黔东南上郎德、南花、

青曼、西江苗寨等8个民族村寨做旅游扶贫试点。

截至2018年底，贵州省开展乡村旅游的自然村寨突破3500个（其中517个被确定为全国乡村旅游扶贫重点村），形成了生态观光、歌舞表演、民族节庆、文化体验、古镇探秘、农业观光、城郊"农家乐"、避暑度假等形式多样的乡村旅游产品。贵州已有国家级休闲农业与乡村旅游示范点20个、省级乡村旅游扶贫重点村2422个、省级乡村旅游示范区（村）131个。乡村旅游接待游客4.62亿人次，占全省接待游客的47.7%；实现旅游收入1572.79亿元，占全省旅游收入的22.7%；同比分别增长33.61%、36.59%。通过旅游发展。助推30.3万贫困人口受益增收。乡村旅游已成为帮助农村群众增收致富、摆脱贫困的有效途径，在"保护一方山水、传承一方文化、造福一方百姓、促进一方经济、推动一方发展"等方面发挥了重要

贵州大力推进民族文化和旅游深度融合发展。图为西江千户苗寨

作用，形成了一批有代表性、可复制、可推广的复合型乡村旅游特色样板。

第一，推动旅游资源共享，实现抱团脱贫。黎平县肇兴景区将村民人口、房屋、林地、土田等量化入股，组建了旅游专业合作社。合作社统一运营、管理景区资源，在盘活资源资产、保护传统村落、传承民族文化、复活古韵乡愁上下功夫，走出一条共同保护侗寨风貌、共同传承侗族风情、共同开发侗乡风物、共同展现侗都风采的古村落保护促脱贫新路子，形成全体社员保护景区发展、共享景区发展红利的良好格局。通过"合作社＋基地＋农户"的形式，搭建民族手工艺培训、生产、交流服务平台，加大手工技艺传承人才培养，推动民族旅游商品多样化和特色旅游商品开发，形成"品牌带产业、企业带基地、合作社带农户"的"文创三带"发展模式。

以旅游为龙头,通过"旅游+"带动带活多元业态的融合发展,让景区群众尽享旅游福利。

第二,推进乡村旅游融合发展,构建多元产业体系。六枝特区六角村充分发挥布依文化的独特魅力和"落别樱桃"的品牌效应,将赏樱桃花、摘樱桃果与布依村寨旅游融为一体,以"凉都红樱桃·布依文化旅游节"为主线,以山地自行车越野赛、布依长桌宴、农特产品展、摄影绘画采风等系列活动为载体,依托布依民俗博物馆、布依农事体验馆、318浪哨缘房车营地、水塘寨湿地公园、龙井温泉、螃蟹峡休闲度假区等系列项目,并通过六枝特区大观文化产业发展有限责任公司,编排舞台剧及文化演出等活动,延长产业链,促进乡村旅游业融合发展。

福泉市双谷村打破固有的农业发展思路,探索实践农旅、文旅、体旅"三旅融合"发展,走上了从第一产业向第三产业跨越的持续发展之路。双谷村以花果为媒,通过举办大型节庆活动,广邀四方宾客赏花、摘果;结合山地特色不断完善体育设施,充分挖掘当地民族特色文化,不断聚集人气、提升名气,有效实现农旅、体旅、文旅融合发展,夯实乡村田园综合体的建设,以此吸引大批游客到双谷村旅游观光、康养健身,有效推动乡村旅游发展。

雷山县格头村依托国家级自然保护区得天独厚的生态环境优势,坚持保护优先,围绕保护进行开发。其基础设施建设严格按照传统村落示范建设的规划与要求,结合村寨民众的需求,在不破坏生态环境和建筑群落的情况下修建,修建有芦笙场、风雨桥,用以发展乡村旅游。同时,格头村还发展天麻、茶叶等种植业和稻田养鱼、黑毛猪等养殖业,兼顾了开发与保护,脱贫攻坚成效明显。

第三,推动旅游服务标准化、规范化,促进农民增收。汇川区

八、贵州的全面小康之路：经验及启示

遵义市汇川区娄山关社区着力推动旅游服务规范化、标准化。图为遵义娄山关景区

娄山关社区针对过去旅游产业链条单一、经营分散、没有形成独具特色的品牌效应的实际。镇、村不断强化旅游市场的引领和监管，专门成立娄山关村乡村旅游协会并建立党支部，制定乡村旅游"十不准、十做到"，及时为游客解决旅游中遇到的各类难题，提升服务质量。汇川区还不断加大对乡村旅游客栈服务质量的指导和培训，推动乡村旅游服务朝规范化、标准化方向不断迈进。

第四，开发传统特色美食，发展农家乐，帮助农民增收。乌当区王岗村在开发乡村旅游业过程中，决定从开发传统的布依族特色美食"庖汤宴"和"三盘、四碟、八大碗"入手，鼓励有条件的农户办集餐饮住宿为一体的农家乐，以农户自己种植的粮食蔬菜和养殖的畜禽为主要食材，以传统"土法"与现代烹饪技术结合进行加工，很受客人的青睐和赞许。还通过引资项目在境内建起"枫叶谷休闲度假旅游区"，增强了村庄的可观赏性及村庄农家乐的吸引力，促进了全村经济社会蓬勃发展，加快了步入小康社会的步伐。

5. 用科技手段阻断贫困延续

自 1994 年开始实施"八七扶贫攻坚计划"以来，贵州省委、省政府明确提出，扶贫工作必须把重点转移到依靠科技进步和提高劳动者素质的轨道上来，坚持扶贫与扶智并举，下大力帮助农民群众提高思想道德和科技文化素质，提高致富能力。从 2001 年起实施新阶段扶贫开发一直到"十二五"期末，贵州实施农民培训、助学工程、"雨露计划"、"圆梦行动"等科教帮扶项目，有效地改善了贫困地区的科技教育基础条件，广大贫困农民的文化素质得到提高，为脱贫攻坚创造了有利条件。

第一，引科技人才下乡创办农业经济实体。纳雍县陶营村的发展，就是得益于该县出台"人才下乡"的激励机制，促使农技人才徐富军回乡创办产业实体。他此前创办的樱桃产业园，主要种植原产地老品种，产品品质一般，市场销售欠佳，收益有限。偶然一次他在樱桃园劳作时发现一株樱桃与众不同，粒大、柄长、色艳，具有一定农业技术知识的他经查阅大量资料，确认这是变异的樱桃植株。随后，他像照顾婴儿一样，呵护、关注这棵植株的生长变化，做好观察记录，并采用高空压条嫁接、无性系繁殖等方法育苗，然后进行试验试种，多年不辍。最终，新型樱桃品种——"玛瑙红"樱桃诞生了。试验田所产"玛瑙红"樱桃，果形椭圆，果色鲜红，果肉厚重，经贵州省农作物品种委员会审定，属中国大樱桃品系，是樱桃中的优质上品。"玛瑙红"樱桃售价是传统小樱桃的 3 倍以上。在当地党委政府的大力支持和本村群众的积极努力下，数十年间，"玛瑙红"漫山遍野，替代了传统的农业种植，基地规模不断扩大。全村"玛瑙红"种植面积达 6000 余亩，辐射总溪河两岸种植面积超过 7 万余亩，并逐渐形成良好的发展模式，支撑起村民们

八、贵州的全面小康之路：经验及启示

的幸福生活。

第二，用现代科技提升传统优势产品品质。碧江区老麻塘村建立白水贡米产品质量标准和生产技术标准，用标准指导生产，按生产标准选用品种，选择投入品。创新优质稻谷种植方式，把"健身"融入水稻栽培，所有农艺措施围绕水稻健康生长优化配置。优化加工设备和加工过程，不抛光不打蜡，保持原始色香味。精准技术服务，每3—5天一次田间观察，及时了解病虫动态规律，指导农户生产。引进智能加工生产线，按稻谷品种，单独加工，单独包装，分品种贮藏，分品种上市，供应不同消费群体。通过白水贡米品牌振兴，该村的大米由2014年的2元/斤，提高到现在的6.98元/斤；

贵州加强农企合作培植推广优质品种。图为兴仁县薏仁米种植区

水稻种植户亩产收入由原来的1500元/亩提高到3000元/亩,优质大米种植面积由过去的十几亩扩大到现在的1700多亩,并辐射到整个滑石乡。

第三,农企合作培植推广优质品种。兴仁县茅坪村自汤进创办贵州仁信农业开发有限公司起,就开启了农企合作、用科技发展薏仁米产业之路。面对部分群众为提升产量,大量引进外来种源,导致茅坪村小白壳糯薏仁品牌特色逐渐弱化的形势,汤进与黔西南州农科所合作,对原产小白壳糯薏仁进行提纯复壮,并成功培育出"黔薏2号"小白壳糯薏仁种子。刚开始村民不愿种,汤进就动员家里的兄弟姐妹一起,自找荒地进行种植试验。通过示范带动,村民们开始大量种植收益更高的"黔薏2号",并建立茅坪薏仁米种植基地。在生产各环节安装摄像头,建立产品溯源系统360度对产品生产过程进行监控,客户只要扫一下产品包装上的二维码,就可以了解产品从种植到生长、收割加工、销售的全过程,既可监督保证产品绿色无公害,亦能进一步提升茅坪薏仁米品牌效应。村民谢光友家原是贫困户,家庭人口7人,在仁信公司的带动下,每年种植薏仁米40多亩,年产量2万多斤,除去各种成本,年纯收入3万多元,成功摘掉了贫困户的帽子,家庭生活更是达到了小康水平。

6. 培育发展内生动力

习近平总书记指出:"脱贫攻坚,群众动力是基础。"必须坚持依靠人民群众,充分调动贫困群众积极性、主动性、创造性,坚持扶贫和扶志、扶智相结合,正确处理外部帮扶和贫困群众自身努力的关系,培育贫困群众依靠自力更生实现脱贫致富的意识,培养贫困群众发展生产和务工经商技能,组织、引导、支持贫困群众用自己的辛勤劳动实现脱贫致富，用人民群众的内生动力支撑脱贫攻坚。在脱贫实践中，各村通过搭建群众参与平台、优化群众参与机制，创新群众治理模式，把群众参与村庄发展的积极性、主动性、创造性充分调动起来，激发起贫困群众脱贫致富的内生动力，取得了脱贫攻坚的巨大成效。具体而言，有如下几点经验：

第一，"三治合一"助推村庄治理有效和产业兴旺。平坝区推行自治、法治、德治"三治合一"，要求以自治为主体，以法治和德治为两翼，在村民自治的基础上实现法治、践行德治，以法治保障自治、规范德治，用德治支撑法治、滋养自治，最终达到乡村善治的目的。在推进乡村治理的同时，塘约村坚持物质精神两手抓，大力发展村集体经济，把广大群众的主要精力引导到搞建设、抓生产、促发展上来。通过成立"金土地专业合作社"，鼓励村民用自己的土地经营权参社入股，建立六大蔬菜种植基地，促进农业产业结构不断优化升级。入股社员通过务工可领取工资增加收入，合作社帮助解决在种植过程中遇到的资金、技术、销售等困难，农户学会了实用技术，转变了思想观念，改掉过往陋习，一心扑在致富上，形成了全村心齐劲足攻坚、众志成城振兴的火热建设场面。

江口县快场村根据全村的具体情况和实际需求，把治安维稳、建房审批、环境卫生、赡养老人、产业发展、公益事业等与群众息息相关的内容纳入村规民约中，让群众知道什么该做、什么不该做。大力加强自治、法治、德治建设，形成"大事一起干、好坏大家评、事事有人管、带头创先进"的乡村治理良好局面，最终实现贫困程度持续下降、民风民俗持续好转、乡村环境持续靓丽、旅游收入持续增高的发展目标。

第二，优化村庄治理单元，实现抱团发展。台江县长滩村为解

全面建成小康社会 贵州全景录

在村支"两委"带领下,台江县长滩村创新"十户一体"发展模式,让村民有效整合资源、互促共进、共同发展

决村庄长期环境卫生脏乱差的难题,村支"两委"把全村群众按照居住相邻的原则,划分成19个卫生责任主体,每个责任主体10户左右,并从中推选出1名户长,共同维护村内的环境卫生。在户长带动下,各责任主体分别承担自家房前屋后和村里划定公共区域的卫生保洁任务。村支"两委"以责任主体为单元,对环境卫生整治情况进行每周督查、每季评比,好的插流动红旗,差的贴通报批评。数月下来,村里卫生有了很大改观,村容村貌焕然一新。村支"两委"尝到"甜头"后,将"十户一体"逐步拓展到产业发展和公益事业建设等工作上来,形成了"发展产业一起帮、公益事业一起建、社会责任一起担、文明乡村一起创"的"十户一体"抱团发展模式。贫困户在户长、党支部、合作社的带动下,有效整合资源,互助共

赢，共同发展，不仅降低了"单打独斗"的风险，更是鼓了"腰包"，得了实惠。

贵定县新华村以村民组为单位，推行党小组和组管委高度融合的工作模式，要求党小组里必须要有组管委的成员，组管委里必须要有党小组的党员，党小组与组管委之间相互支持、共同发力。为进一步激发自治动力，新华村在各组、各寨、各户之间组织开展产业发展、环境卫生、乡风文明"大比武"，形成了良好的你追我赶的村民自治氛围。通过自我管理、自我服务，提升群众参与家园建设的积极性，有力地推动了村庄的经济发展和文明进步。

第三，协商民主激发村民建设家园的积极性。福泉市洞铁村以"五引导、五教育"为抓手，充分运用"123"（即聚焦支持村民自治一个目标，实现自我管理、自我教育、自我发展；发挥村支"两委"和群众两个主体作用；运用三套工作方法，分别是推行党小组动议、村民治理小组提议、群众集体决议的"三议"制度，用好政府、村民、社会"三方"力量，建好目标任务清单、工作责任清单、工作成绩清单"三个"清单）工作法，构建起村民自治的组织体系、决策程序，彰显群众意志，体现民主决策，突出群众主体地位，逐渐形成功能健全、运行有效的村民自治体系，实现村民自我管理、自我教育和自我发展的自治目标，让村民在自治中真正当家作主，逐步实现了"村庄美起来、邻里亲起来、腰包鼓起来、新风树起来、群众笑起来"的显著成效。

平塘县平河村通过制度设计将党的领导和村民自治有机结合，创新设置了"党支部＋事管委＋自治会"的自治组织架构，形成了以村党支部为核心、事管委为主导、自治会为纽带的网格化服务体系。小到红白喜事管控、矛盾纠纷调解，大到集体资产、资金使用，基础设施建设，凡是涉及村民权益的事项，事管委都积极参与，组织群众，联系村党组织，大家商量着办。事管委、自治会积极参与农村政治、经济、社会、文化和生态文明建设，极大地提升了群众参与村务的积极性，集思广益使村组的决议更加科学，更有成效。

第四，合约管理提升村民履责及发展能力。锦屏县华寨村制定《村民自治合约》，其核心要义是村务公开、村民自治，并由村民推选成立执行领导小组，负责执行与监督，做到有约可依、执约必严、违约必究，形成制度管人、村干管事、群众监督的工作格局。通过自我管理、自我教育、自我服务，实现村民由被动接受管理到主动参与治理的转变。通过合约管理，建设了一大批基础设施项目，使村容寨貌、人居环境等发生巨大变化。合约管理还有效地禁止了"浪猪、浪牛"对农业生产的破坏行为，为产业调整奠定了良好的社会基础，产业因此得到快速发展。

第五，做实、做细群众工作，聚民心，促发展。瓮安县瓮朗坝社区推进干部下沉，广泛运用村级协商、农事村议等方式和群众想在一起、干在一起；服务下沉，对涉及群众生产生活相关的服务事项为群众提供上门办理、免费代办服务；考评下沉，让群众考核评议干部，重塑干部形象，赢取群众信任。对于群众面临的急难问题，干部想方设法解决。党员干部在与群众共同干事的过程中，培养了人民群众干事创业的精气神，使群众从边上看转变为跟着干。开阳县三合村党支部则利用"三合工作法"（即合力富民、合群惠民、合心聚民），及时准确了解群众所思所想、所需所盼、所急所难，不让群众的愿望成为"单相思"，用心、用情、用力带领群众齐心协力搞建设、一心一意谋发展。

7. 把不能就地脱贫的群众搬出来

早在 1986 年，贵州就在一些贫困问题尤其突出、生存环境尤其恶劣的地区开展了易地扶贫搬迁的实践与探索。国家实施"八七扶贫攻坚计划"以来，贵州进一步加强扶贫移民搬迁工作。据不完全统计，"八七扶贫攻坚计划"实施期间，全省共搬迁了 17817 户 85237 人。进入 21 世纪初，国家制定了《中国农村扶贫开发纲要（2001—2010 年）》，启动了以工代赈易地扶贫搬迁（试点）工程。贵州作为首批试点的 4 个省区之一，专门制定了相关实施意见并开展以工代赈移民搬迁脱贫试点工作。据统计，2001—2010 年间，全省共投入资金 24.2 亿元，累计完成 8.78 万户 38.72 万贫困人口的易地搬迁。2012 年 5 月 26 日，贵州扶贫生态移民工程正式启动，提出用 9 年时间，对全省 47 万户 204 万人实施扶贫生态移民工程。

国家精准扶贫战略提出后，作为精准扶贫"五个一批"之一的"易地搬迁脱贫一批"，被贵州省作为精准扶贫"头号工程"和新一轮脱贫攻坚"当头炮"来抓。通过不断强化政策顶层设计，形成了较为成熟的易地扶贫搬迁"1+N"政策体系，并形成了搬迁包保责任制、省级资金统贷统还、"六个坚持"、移民发展融入"五个三""五个体系"等特色经验。在村级层面，做好易地扶贫搬迁工作有如下几点经验：

第一，政策宣传到位，引导群众搬迁。荔波县高桥村政策宣传下沉，发动党员把移民政策讲给群众听、做给群众看、带着群众走，树好标杆，做好榜样，把思想动员工作做深、做透、做到位，引导群众理解并支持搬迁工作。

晴隆县大坪村各级干部夜以继日做村民们的思想动员工作，和他们算教育账、医疗账、子孙账、未来账，让他们明白搬迁是阻断贫困代际传递最直接、最有效、有快捷的路径，让他们放下思想包袱，积极搬迁。

惠水县代京村根据当地少数民族村寨实际，将群众"难懂"的普通话翻译成群众能听懂的"方言"，多次到各组召开群众会，讲解搬迁政策，摸清群众搬迁愿望，打消群众搬迁顾虑，让易地扶贫搬迁政策更加深入人心，增强群众搬迁积极性。

第二，工作细致到位，做好搬迁服务工作。荔波县高桥村成立移民搬迁工作组，把办公地点搬到村组现场，让县、乡、村三级干部心往一处想、劲往一处使，凝聚移民搬迁的强大合力。

晴隆县三宝乡大坪村采取先搬学校、小手牵大手、三宝籍在外工作人员回乡动员搬迁、党员干部及亲属率先搬迁、组织村民到阿妹戚托小镇实地参观等多种方式，增强搬迁实效，加快搬迁进度。

惠水县代京村建立干部与搬迁群众一对一包保制度，将任务落实到个人头上，做到搬迁群众遇困难有人管、诉求件件有回音。为了困难群众能够得到最低保障，明确一名干部专门负责对接民政、社保、合医等部门，清单式地将需要衔接"三保"的名单罗列出来，一项一项地去核实解决。

第三，公共服务到位，方便群众生活稳民心。荔波县高桥村整合资金做好集中安置点的基础设施、文体活动、休闲养老、托幼卫生、商业服务等建设，提升小区管理服务标准化和规范化水平，方便群众生活。

晴隆县阿妹戚托小镇成立政务服务中心、警务室、医务室，小镇附近建立晴隆三中、晴隆六小等，让搬迁群众享受优质的公共服务，提高搬迁群众的归属感和安全感。

惠水县在移民安置点新建移民学校，满足移民子女就地入学的需求，在移民小区内设有医疗服务站，建立医疗精准扶贫救助档案。建立便民超市等经营性场所，搬迁户可凭卡享受常年购物九折优惠。为了使搬迁户还可以种地，在安置小区附近设有"微田园"，住户可以搞绿色种植，贴补家用，社区还有一站式服务的社区服务站，高效快捷。

第四，就业服务到位，确保移民有业可就。荔波县高桥村将移民安置点梦柳风情小镇打造成集吃、住、行、游、购、娱为一体的大小七孔景区配套商旅产业园，通过鼓励群众自主创业和招商引资，积极开展业态培育，让移民搬迁贫困群众搭上"旅游车"、吃上"旅游饭"。

晴隆县在阿妹戚托小镇规划产业园，切实解决大坪村搬迁群众的就业难题；按照"扶贫优先"的原则，加大公益性岗位开发，安置无法外出务工、无劳动能力、无生活来源的贫困劳动力上岗就业。

惠水县代京村一方面组织开展厨艺、绣花、采茶、电焊等技能培训，强化搬迁群众业务技能；另一方面与对口帮扶单位签订搬迁户优先用工协议，增加搬迁群众就业机会，强化就业保障。

第五，土地资源盘活到位，增加移民收入。荔波县高桥村带动群众以三地（耕地、林地、宅基地）资源入股四季花海、手工艺作坊、农耕园、蜜柚合作社等产业实体参与分红，增加群众收入。

晴隆县大坪村通过"三变"改革，引进企业发展肉牛养殖、林下生态土鸡养殖等项目，让搬迁群众在小镇住上新房子，在老家领到钱票子。

惠水县代京村以"三变"改革为契机，盘活土地资源，助搬迁群众增收，已流转土地2196.51亩，发放土地流转金93.97万元，且部分项目已实现利润分红，惠及搬迁群众125户。

撕下绝对贫困标签,实现物质和精神两个层面的"千年之变",贵州与全国同步全面建成了小康社会,人民群众过上了幸福生活。

征程漫漫,唯有奋斗。在多彩贵州现代化建设的新征程中,贵州全省上下将更加衷心拥护"两个确立",忠诚践行"两个维护",高举习近平新时代中国特色社会主义思想伟大旗帜,深入贯彻落实习近平总书记视察贵州重要讲话精神,牢牢把握国发〔2022〕2号文件的重大机遇,坚持稳中求进工作总基调,立足新发展阶段,完整、准确、全面贯彻新发展理念,融入新发展格局,坚持以高质量发展统揽全局,坚持以人民为中心的发展思想,守好发展和生态两条底线,统筹发展和安全,坚持围绕"四新"主攻"四化"主战略,全力建设"四区一高地",奋力谱写多彩贵州现代化建设新篇章。

贵州始终坚持践行以人民为中心的发展思想,坚决完成巩固拓展脱贫攻坚成果硬任务,扎实做好乡村振兴大文章,抓好提高城乡居民收入"牛鼻子",加快补齐基本公共服务短板,一件事情接着一件事情办,一年接着一年干,让群众看到变化、得到实惠,推动共同富裕取得更为明显的实质性进展,让人民群众在高质量发展中共享高品质生活。

主要参考文献

1. 毛泽东.毛泽东选集〔M〕.北京：人民出版社，1991
2. 邓小平.邓小平文选〔M〕.北京：人民出版社，1993
3. 中共中央文献研究室.习近平关于全面建成小康社会论述摘编〔M〕.北京：中央文献出版社，2016
4. 黄承伟、叶韬.脱贫攻坚省级样板：贵州精准扶贫精准脱贫模式研究〔M〕.北京：社会科学文献出版社，2016
5. 贵州六百年经济史编委会.贵州经济六百年〔M〕.贵阳：贵州人民出版社，1998
6. 常明明.贵州经济六百年〔M〕.贵阳：贵州人民出版社，2014
7. 贵州省地方志编撰委员会.贵州省减贫志〔M〕.北京：方志出版社，2016
8. 吴大华、李胜等.贵州脱贫攻坚70年〔M〕.贵阳：贵州人民出版社，2019
9. 贵州省政协农业农村委员会.从脱贫解困迈向乡村振兴：中华人民共和国成立70周年贵州"百村调查"〔M〕.贵阳：贵州人民出版社，2019
10. 王鹏、朱文.跨越的70年：贵州经济发展研究〔M〕.北京：

中国经济出版社，2019

11. 中共贵州省委宣传部、中共贵州省委讲师团、贵州省社会科学界联合会.贵州发展解读（2014）〔M〕.贵阳：贵州人民出版社，2014

12. 中共贵州省委宣传部、贵州省社会科学界联合会.贵州发展解读（2015）〔M〕.贵阳：贵州人民出版社，2015

13. 中共贵州省委宣传部、贵州省社会科学界联合会.贵州发展解读（2016）〔M〕.贵阳：贵州人民出版社，2016

14. 中共贵州省委宣传部.守底线 走新路 奔小康：贵州省第十一次党代会以来经济社会发展解读〔M〕.贵阳：孔学堂书局，2017

15. 中共贵州省委宣传部.新时代 新气象 新作为：贵州发展2017〔M〕.贵阳：孔学堂书局，2018

16. 中共贵州省委宣传部.新时代 新气象 新作为：贵州发展2018〔M〕.贵阳：孔学堂书局，2019

17. 李裴.〈国务院关于进一步促进贵州经济社会又好又快发展的若干意见〉初步解读〔M〕.贵阳：贵州人民出版社，2012

18. 李裴.探索贵州后发赶超之路：〈国务院关于进一步促进贵州经济社会又好又快发展的若干意见〉二读〔M〕.贵阳：贵州人民出版社，2012

19. 李裴.同步小康：战略选择——贵州省与全国同步全面建成小康社会战略比较研究〔M〕.贵阳：贵州人民出版社，2014

20. 李裴.中国改革开放全景录（贵州卷）〔M〕.贵阳：贵州人民出版社，2018

21. 罗贤贵、王兴骥.民生"3+1"：教育医疗住房饮水的贵州保障〔M〕.贵阳：贵州人民出版社，2021

22. 张绍新.基本经验：中国减贫奇迹的贵州缩影〔M〕.贵阳：贵州人民出版社，2021

23. 张绍新.六个坚持：搬迁扶贫一步跨千年的贵州创举〔M〕.贵阳：贵州人民出版社，2021

24. 张再杰、刘洪.组组通硬化路：打通连接山里山外致富路的贵州壮举〔M〕.贵阳：贵州人民出版社，2021

25. 赵雪峰.六个转变：以十二个产业为重点振兴农村经济的贵州新路〔M〕.贵阳：贵州人民出版社，2021

26. 贵州省发展和改革委员会.奋力打造"多彩贵州公园省"：贵州国家生态文明试验区改革探索与实践〔M〕.北京：团结出版社，2021

后　记

　　《全面建成小康社会贵州全景录》由中共贵州省委宣传部组织编撰。本书力图通过忠实纪录贵州全面小康的光辉历程，系统展示贵州全面小康的丰硕成果，分析阐释其中蕴含的实践经验、理论创新和制度优势，以期全方位、多角度、深层次展现贵州各族人民梦圆全面小康的壮阔画卷。

　　本书由贵州省社会科学院文化研究所所长高刚同志执笔，在综合《贵州省全力实施大扶贫战略实践研究》《贵州脱贫攻坚70年》《贵州"黄金十年"研究》《中华人民共和国成立70周年贵州"百村调查"》等前期研究成果的基础上完成，同时运用了贵州省政府办公厅、省乡村振兴局等单位公开发布的相关资料，参考借鉴了"中国减贫奇迹的贵州路径"丛书、中共贵州省委宣传部编撰的"贵州发展解读"系列丛书等研究成果；本书图片由贵州日报、中新社贵州分社、贵州新闻图片社等单位提供，在此表示衷心的感谢！

　　中共贵州省委政策研究室、中共贵州省委党史研究室、贵州省乡村振兴局、贵州省统计局等单位的领导和专家对书稿进行了认真

后　记

审读，并提出了许多中肯的意见。专家意见均已吸纳进书中，在此对各位专家的指导深表谢意！

本书编写组

2022 年 6 月